期限切れのおにぎり

大規模災害時の日本の危機管理の真実

鈴木哲夫

近代消防社

装丁　坂従智彦（Concent, Inc.）

プロローグ

プロローグ——その日、その瞬間

そのとき、私は永田町で、午後イチからの当時政権党だった民主党の重鎮議員の週刊誌での単独インタビューを済ませ、衆議院議員会館の1階ロビーを編集者と二人で出口に向かって歩いていた。

2011年3月11日の午後2時46分。それぞれの人たちに「その日」、「その瞬間」があった。震源から離れていたとはいえ東京もかなりの影響を受けた。

編集者と並んで歩きながら、「ページ数は？」「2ページぐらいですかね」「締め切りは？」と事務的に打ち合わせていたのを覚えている。

突然だった。異常なまでの激しい横揺れ。

いまでも私の記憶の奥底に焼き付いているのは、あるはずもない光景だ。当時、議員会館は改築の直後だったが、天井の高い会館のロビーの柱や高くまで明るく開けた窓枠などのすべての直線がグニャグニャと、ゆらゆらと、歪んで大きく激しく揺れていた。新しい建物なのに、古い木造のようなミシミシというきしむ音も覚えている。いまも目をつぶると、あの大きくカーブを描くようにして揺れる曲線が浮かぶ。

地震と分かったが、立っていられなかった。

警備職員が「しゃがんでください！」と叫んでいたが、ロビーにいた多くの人たちがすでに悲鳴を上げて床に倒れ込んでいた。私と編集者もへたり込んだ。

「これは大きい。なんなんですか」

と編集者。

それを聞きながら私は、瞬間、こんなことを思いめぐらしていた。

「ドーンという大きな縦揺れはなく横に揺れ出した。しかし、東京がここまで大きく横揺れするのは、震源は東京からはもっと遠いところで、しかもその場所では相当大きな地震が起きているはず」

私は、専門家にはとても及ぶはずもないが、阪神淡路大震災などそれまで30年間蓄えた報道記者の地震取材経験から、どこかで大変な地震が起きたのだと直感した。「東海地震か」とも思った。東海は「発生近し」が予測されていたこともあったからだ。

次に私の頭に浮かんだことは、自分の責任でもある「地震の報道特番を放送すること」だった。

当時私は、日本BS放送（BSイレブン）の報道局長だった。当然、すぐにでも千代田区・竹橋のパレスサイドビル毎日映画社内にある報道スタジオに戻って、報道特番を放送しなければならない。

だが、これほどの大きな揺れなら交通機関も街の中の落下物もけが人もどうなっているか分からない。もしも揺れが収まったら、次には一気に混雑や交通機能のマヒがはじまるだろう。空車のタクシーなどすぐになくなる。過去、首都圏で大きな地震が起きた直後など常にそうだった。

ここは、まだ揺れているうちから外に出て空車のタクシーを捕まえなければと思った。でなければ永田町から竹橋スタジオまで、通常なら車だと15分もかからない距離が、行き着くまで間違いなく1時間も2時間も何時間もかかってしまうことになる。

まだ余震の揺れが残っていたにもかかわらず、私は編集者に「出ます」と告げて、半分かがんでよろよろとしながら議員会館の正面玄関から外へ出た。途中、私の背中に警備職員が「歩かないで！」と叫び声を浴びせた。

外でも、通行人などは悲鳴を上げながらしゃがんでいた。道路の端を徐行していた空のタクシーを捕まえた。ドライバーはハンドル越しにフロントガラスのギリギリまで身を乗り出し、なぜか盛んに空を見上げていた。私は大きく手を差し出して車を止めて飛び乗り竹橋スタジオに向かった。

この判断は奏功した。

早々にタクシーに乗った私でさえ、信号なども停電したり落下物があったりと、混乱した道路をすり抜けて行くという羽目になり30分以上はかかったが、早く動いた分なんとかその程度の負担で済んだ。しかし、私と同じく、午後から永田町で別の取材をしていた我が社のカメラマンなどのスタッフは、揺れや騒ぎが収まってから動いたために、地下鉄はストップし、タクシーなどもちろんつかまらず、道路は大渋滞に見舞われた。ようやくタクシーには乗ったものの動かないため結局、乗り捨てて歩きに変更し、到着までなんと3時間もかかったのだ。

私がスタジオに入ってからは、内勤をしていた技術者や、かろうじて集合できたスタッフで地震特番を始めた。もちろんそこから一昼夜、放送を続けた。

東日本大震災。

激震ももちろんだが、予想もできなかった大津波が甚大な被害をもたらした。

現地から入ってくる断片的な情報。最初は100人の行方不明でも、時間を追うごとにそれはどんどん膨れ上がるのはそれまでの災害報道経験から容易に想像できた。

地上波のようにキー局やネットワークを持っていない独立のBSテレビ局だったことから、東京では、首相官邸、気象庁に記者を派遣したほか、スタジオや報道デスクから現地の県や市町村、過去取材で縁のあった方々、商工会から農業団体までとにかく電話をしまくって情報を集めた。ただ、当然ながらつながるほうが稀《まれ》。電話回線は携帯も含め壊滅的だった。こうした独自情報と、通信社からひっきりなしに届く現地東北各地の断片情報や、足元の首都圏の被害や交通情報なども伝えたのだった。

大震災から「まだ」5年

東日本大震災は、宮城県沖を震源とするマグニチュード9・0の日本では観測史上最大の地震だった。発生した津波の高さは10メートルをも超えた。死者1万5894人(2016年3月10日現在・警察庁)、避難者は今でも17万8000人(2016年1月14日現在・復興庁)。東北から北関東まで広範囲を破壊し、甚大な被害が出た。特に被害が大きかったのは東北の宮城・岩手・福島の3県。津波は、町の原型もなくなるほど人命だけでなくまるごとさらった。

そして、福島第一原発も津波や揺れに複合的にやられ放射能汚染が広がった。日本は未知の原発事故と直面することになった。

2016年の3月であれから5年が経過することになる。被災地の取材を続けている中で私の感覚は「もう5年」ではない。「まだ5年」であり、「何も終わっていない」、「政治は何もできていない」ということだ。

そもそも、1年だの、3年だの、5年だの時間に区切りをつけて、災害を総括するメディアの感覚に、私は疑問を持ってきた。時間軸を決めるのは被災者自身だと思う。特集を組むメディアの都合で区切りの時間軸が決まるのではない。

被災した人々は気持ちを整理して前へ向かって動き出すのに何年かかるか分からない。1年の人もいる。2年の人もいる。10年経っても癒えないまま問題を抱えたままの人もいる。被災者一人ひとりに対して、政治はその人が顔を上げるまで待ち、話を聞きながら、何をできるかを考え続けなければならない。被害と言っても一括りではないのだ。被害者の数だけそれぞれの被害の種類がある。全部違う。

まちの再生だってそうだ。国がプランやお金を上から押し付けるのではなく、そこでこれから生きて行こうとする住民自身が考えるプランをじっと待つべきだろう。

本編でも取り上げている新潟県中越地震の際には被災者の高台移転で住民たちが何年もかけて決心するのを首長はじっと待った。住民が納得して次へ踏み出すのを待つ――、「早く復興を」「早くまちづくりを」と急ぐのが正しいとは限らないのだ。国の復興政策は果たしてそこが分かっているだろうか。「早く」ではないのだ。「待つ」ことなのだ。

そんな復興策をやろうとすれば時間もかかるし手間もかかる。3年や5年でできるはずがない。だがそれをやるのが、「寄り添う政治」というものだろう。被災者には何の罪もない。政治がそれを救わずしてどうするのか。政府が、たとえば「補助金予算捻出は5年」などと区切るのはもはや「驕り」とも言える。

また、これも本編に出てくるが、政治や行政は自らの使命として本能的に「平等」を意識する。ある地域の被災者と別の地区の被災者に違う政策を実行したりすることは、住民同士に差が出てしまう。それはやってはいけない、間違っていると考えるのだ。

たとえばこんなことがあった。地震発生直後に、避難所に毛布を届ける際に、とにかくいち早く届けられるところから配ればいいのに、ある市はそれをせずにしばらく時間がかかったという。何をしていたかというと、避難所の数をきちんと数え、すべてに行き渡るだけの毛布の数が市の倉庫にすべて揃うのを待ってそれから配りに行ったというのだ。なぜなら、「ここは毛布が届いた、ここは届いていないなどということになると同じ市民なのに不平等が生じるから」と市幹部は言った。

平時なら確かにそれも正しい。だが、有事の災害時は違う。

被害の種類は被災地の数だけ、被害者の数だけある。平等でなくていいのだ。必要とする場所に必要とするものを届ける。この市の実例から見れば、行政は、災害の際は「不平等を恐れるな」ということを教訓にすべきだろう。現場の職員はその決断がなかなかできない。ならば、トップである首長が「不平等でもやれるところからやれ」と決断することがすべてだ。

また、これも本編で取り上げた話だが、かつて危機管理のエキスパートとして官房長官や閣僚を務め、「カミソリ」などの異名も取った後藤田正晴元副総理は、95年1月に阪神淡路大震災が発生したあと、右往左往する当時の自社さ政権の村山富市首相のところへ出向いてこう言ったという。

「地震が起きたことは人間にはどうしようもできない。仕方ない。しかし、起きたあと、ここから先はすべてが人災だ」

この言葉は、まさに政治に求められる、厳しい「危機管理」の心得であり名言である。東日本大震災の事後対応や復興策にももちろん後藤田氏の言葉がそのまま当てはまる。

いまもなお多くの避難者がいたり、仕事が安定しなかったり、震災の心の傷が癒えていなかったりするが、厳しく言い換えればそれらは「人災」と言えはしないか。永田町では、震災や進行中の福島原発事故の話でさえ耳にしなくなった。話題にも上らない、風化しつつあるという気がする。まだまだ、被災地にやるべきことは無数にあり、それができていないことは、政治が「人災を犯している」ことなのだ。もう一度、政治の義務と役目を痛感すべき節目に来ている気がする。

政府の組織的な問題も放置されたままだと思う。被災地のことは被災地で、権限や予算もすべて現地に任せてやるべきだろう。被災地にしか分からない心の機微もあるし、霞が関の省庁のがんじがらめの基準や法律に照らしていては、被災地ならではの様々な発想の政策も実現できず予算もつかないということになる。本編ではそうした被災地の実態や災害の際の政府の組織がどうあるべきかも、多くの方々が問題提起してくれている。

地震が起きたときは民主党政権。災害対応も危機管理も不慣れだった。民主党政権が設計した復興庁などの組織は、霞が関に本部がある上に、内部も各省庁が縦割りのまま参加していた。

これに対して当時野党だった自民党の幹部らは、「現地に復興庁を置き、権限と予算を任せ、現地のことは速やかに現地でやれるようにすべきだ」と主張していた。私は、危機管理に長けている自民党に共感した。ところが、その後自民党が政権復帰しても、現地への機関常駐や縦割りを是正指導するなど対応はしたが、根本的な法改正や組織改革は不十分だ。その上、補助金などの縮小に向かいつつあるというありさまだ。

そして、災害対応や危機管理の分野では「災害報道」のあり方も大きなテーマである。

私は、テレビ報道に30年携わってきたが、災害報道を通じて常に「無力さ」を自問自答してきたように思う。

そもそも大震災などでは、被災地は停電し、被災者は自宅を出て体育館など避難所へ向かう。要は、被災者は、多くの場合テレビなど見ることはできないのだ。にもかかわらずテレビ報道のクルーは、地震発生後にいち早く現場に入り、何が起きているか取材しそれを放送する。そこで、ふと立ち止まると「いったい誰に向かって何を伝えようとしているのか」という根本的な姿勢を何一つ考えていなかったことに気付く。

災害報道は、被災者のために被災地を向いて伝えるのか、被災地のことを被災地の外へ伝えるのか――。そんな基本的なことも結論を出さないまま、現場に興奮し、「家屋が倒壊している」「火が出ている」「この瓦礫の下に被害者がいないか懸命な救助が行われている」などと中継やリポートをしてしまうのだ。

私は、いくつもの大震災の現場で得た教訓から、災害報道には、「誰のために」「何のために」という方向性や専門性がメディアには必要であり、それをメディアに関わるすべての者が議論する必要があると思っている。

また、ローカルメディアの役割は、まさに災害の際にその力を発揮する。本編では、東日本大震災の際に壁新聞を張り出した「ローカル新聞」を取り上げ、その編集長の思いなども聞いている。

メディアはいまもなお、「災害報道」で問題をヤマほど抱えていることを本書でこの機会に検証してみたい。

天災から学ぶ危機管理

日本は言うまでもなく地震国だ。

東日本大震災だけでなく、１９９５年1月には阪神淡路大震災、２００４年10月には新潟県中越地震などが起きている。今後は、東海や南海トラフ、関東直下型など大地震が予測されている。地震だけではない。異常気象で豪雨など水害で多くの犠牲も出ている。東日本大震災においての、政府、国会、政党、地方自治体、メディアなどの対応を検証し、それを教訓として今後も起こり得る未曾有災害に、「危機管理とは何か」を多くの人たちが共有する必要があるのではないか。

私は、東日本大震災以降、その当事者はもちろん、それまでの地震災害など危機管理の第一線に立ってきた方々に取材を続けてきた。概して「日本の災害への危機管理は未成熟な部分がまだまだある」という指摘と、その中でどんな判断やどんな苦労があったか。また、地域の首長など為政者が危機管理のトップとしていかに孤独で、しかし、何をすべきかなど話を聞くことができた。

本書のタイトル、「期限切れのおにぎり」とは、新潟県中越地震で陣頭指揮をとった森民夫長岡市長が、避難所の住民の命をつなぐために、救援物資のまさに「期限切れのおにぎり」を配れるか、リーダーが自問自答した話である。

危機管理で「リーダーたる決断と覚悟」を森氏は示してくれた。

今回、東日本大震災のメモリアルに合わせて私が思い立ったのは、これら日本の「危機管理」の第一線に立った方々の体験をまとめ、本書を今後の日本の「危機管理」の一助にしたいということである。

なお、表現上敬称を略したり、臨場感をお伝えするために当時の肩書を使用させていただいた。お許しいただきたい。

２０１６年3月

ジャーナリスト　鈴木哲夫

Contents

原発に対して法制度が甘かった、「人」に委ねられた

東日本大震災

久保信保《くぼのぶやす》　元消防庁長官

久保信保《くぼのぶやす》

1952年福岡県生まれ。1975年東京大学法学部卒業、同年自治省入省。東日本大震災発災当時、消防庁長官として初の指示権を発動し「緊急消防援助隊」を出動させ、東京消防庁の福島第一原子力発電所への放水活動を指揮。震災当時法律もマニュアルもない中で刻一刻と決断を迫られた。その模様は、2015年、4年目の真実として著書「我、かく闘えり」(近代消防社刊)で語られている。消防庁長官を歴任して退官後、現在、自治体衛星通信機構理事長。

あのとき、何が起きたのか?

「もう二度とあんなことは起きないと甘く考えているんじゃないでしょうか。それでいいんでしょうかね」

東日本大震災が起きた2011年3月11日、当時消防庁長官だったのが久保信保氏。久保氏は、震災から4年経ってもまだまだ手つかずの原発事故対応や消防組織のあり方について、法整備など早急に取り組むべきだと話す。久保氏の、今だから話せる「あのとき何が起きていたのか」は、3・11が残した大いなる教訓だ。

「あの瞬間は、消防庁長官室も大きく揺れたため、首都直下かとも思いましたが、東北だと。東京でこれだけだと現地は相当の被害だろうとは想像できました。そこから、消防庁として、歴史上はじめて二つのことに直面することになりました。一つは、阪神大震災を機に作られた緊急消防援助隊を全国から集めて出動させたこと、もう一つは原発事故との闘いです」

消防は市町村長、東京は都知事など地方の自治体の管理下だ。予算措置も、各自治体の地方予算で運営される。それを、緊急時には国の統一したラインのもとで動かすというのが、その後制度化された緊急消防援助隊だ。1995年に起きた阪神淡路大震災が教訓になっている。

「阪神大震災のときに近県から消防本部が次々に入ったのはいいが、一体、誰の指揮のもとで動けばいいのか、どこへ行って何をすればいいのか、たとえばホースの口径が違ったとか接続の金具が違ったなど大混乱しました。そこで、震災の5カ月後には制度ができました。援助隊は、地方の消防本部がそれぞれ人員などどこれだけ出せますというのを消防庁に登録しておいて、もし大災害があって消防庁に自治体から出動要請があれば、消防庁長官が『指示権』を行使して出動させるものです。それを初めて発動したのが、3・11、私ということになります」

——指示権を発動するということの難しさはありましたか？

「援助隊の制度ができて訓練などもやってきているが、まだ整備不足のところも。たとえば予算的な側面。消防庁の予算（国）は200億円だが、全国の消防全体の予算は1兆9千億円。それを仕組みの上では地方自治体がまかなっています。長く被災地に駐在すればその費用は地方の負担になる。指揮命令権も普段はそれぞれの地方自治体の長にあるわけで、権力的関与がどこまで許されるかという問題もある。そうした、トラブルが起きるリスクもある中で、援助隊の指示を決断しました」

援助の問題点と改善点

――初めての援助隊の大規模出動で浮き彫りになった問題点や苦労は？

「消防という仕事の特異性というのか。消防の仕事は、日常的にそれぞれの地域で火災や救急など毎日必ず起きています。被災地に応援に入るということはそれぞれの地域の仕事にも負担が来る。でもそれを1日3交替を2交替にするなどして人員問題をカバーしてくれました。ご遺体の捜索や搬送などについては、消防は日ごろから大災害の救助などに当たるという性格上、自衛隊や警察に比べてご遺体に接する機会が多いのですが、それでも3・11はショックを受けた隊員も多く、メンタスヘルスチームを作って、いまも対応しています」

――組織内に傷がまだ残っている？

「皆さんにぜひ知って欲しいことがあります。消防は殉職者が多い。東日本大震災では234名です。消防団員は、災害が起きたら何をするか。まず堤防の水門を閉じに向かいます。そのまま堤防を警戒する。避難誘導も先頭に立ってやる。一番最後に残った人の面倒も見る。火が出ればそこへ向かう。たとえば、10人が現場に行ったら10人全員が最前線で闘う。これが軍隊なら10人のうち半分が前線、残り半分は後方支援なんです。だから犠牲が多い。殉職者も多い。つまり、すべての災害にいちばん近いところにいるのが消防なんです」

消防が3・11で直面した最も大きな仕事は「福島第一原発」だったことは言うまでもない。消防は、福島原発の水素爆発後、冷却のための水の注入に出動したのだが、その背景には、原発に対して法的整備がまったくなされていなかったことや、隊員の被ばく問題など、トップとして苦渋の決断や水面下の折衝、そして消防としての使命感などが交錯した。

「3月11日、19時3分には原子力緊急事態宣言が出ました。冷却機能が止まって、その後爆発してメルトダウンは7つで進行していました。冷却水の注入について、消防は立ち上がりが遅かったというようなことを吉田調書（※政府事故調が福島第一の当時の吉田昌郎所長・故人から聴取した内容）では書かれていますが、実は早い段階から消防は動いていたんです。爆発前の経過を言うと、まず地元では福島の双葉地区の消防はすでに注水作業に協力していたし、3月12日には、注水で自衛隊と共同で消防にもという話があり、私のほう（消防庁）で東京消防庁と仙台市の消防にお願いしました。両方とも『分かった』と。ところがその午後に爆発した。自衛隊も郡山に後退しましたよね。そして、14日、15日にも続いて爆発しました。ここからは、明らかに、ただの注水ではなく、被ばくや原発という別の判断が迫られることになりました。未だかつて経験したことのない原発事故が起きている。何かしなければという消防の使命感はもちろん消防職員全員がありました。しかし、私の立場として、消防という組織の位置づけや、何より消防職員の安全や保障はどうなのかを考えなければなりませんからね」

久保氏が迷ったのは、それまで原発事故に対して消防がどういった役割を果たすかについては、具体的、現実的問題として考えられていなかったことだ。主に事業主体（この場合は東京電力）や自衛隊の仕事としてしか法整備されていなかった。ところが福島の事故は、まったく予期せぬ形となり、消防に注水という作業が求められたのだ。

「そりゃ消火活動が主ですから、消防は水は得意だろうと言われればそうですがそんな話ではない。そもそも注水は消火ではない。じゃあ、水の代わりに原子炉に別のものを注入するときも消防がやるのか……。確かに消防組織法では、消防の役目として、『あらゆる災害に対応する』と書かれています。火事だけでなく、雪だって大雨だって土砂災害だってありますからね。でも、今回の注水はどうなのか、隊員の被ばくの可能性は大きい、再爆発の危険もある、それを、『あらゆる災害』に含んでいいのか、そこは前例もないし保障なども書かれていないんです」

――苦渋の決断が迫られた？

「しかも、消防組織は市町村長や知事などに任命権はある。そこを飛び越えて法律の解釈もあいまいな中で、危険を承知で原発へ行ってほしいと、各消防本部に頼むべきなのか。相当悩みました。でも、この原発災害はやっぱりやらなければならないと決めました」

消防隊を投入すると久保氏が決めたのはいいが、消防職員を未知の現場に向かわせるには、一方で整合性や安全など、あらゆる担保や大義を作り出す必要があった。久保氏は、水面下で、官邸や閣内を走り回って流れを作ったのだ。

「派遣するためには、事業者（東電）や国がここまでやったがもうあとは消防に頼むしかなということをはっきりトップに言ってもらう必要があると考えました。当時の片山（善博）総務大臣に話をして、そうした手続きを取って欲しいと。もちろん当時の菅直人総理にも伝えました。一方で、東京消防庁の新井雄治総監とは30分おきぐらいに電話で話しながら相談に乗っていただきました。『どんな大義が必要か』、『もし東京に派遣をお願いしたら受けてくれるか』など話しました。そして、総理と総務大臣から東京消防庁を所管する東京都の石原慎太郎知事に頭を下げてもらい、石原さんがＯＫを出したということです」

――消防が建屋に向かって放水、注水している当時のニュース映像はよく覚えているが、その後は作業や派遣などスムーズに行ったのか？

「東京消防庁がクローズアップされましたが、大阪市、横浜市、川崎市のそれぞれの消防局も現地に入ってくれたんです。さらに続行するなら名古屋・京都・神戸各市の消防局も待機してくれていました。いずれも、私から片山大臣にお願いして話をしてもらったものですが、本当にありがたかった。でも、法的解釈なども超えての決断ですからいろんな問題は起きましたよ。たとえば、派遣部隊が次々に変わるけれど、指揮官は最初に入った東京消防庁がベストだと思って、以後入る隊はその指揮下にと通達したんですが、普段はそれぞれの隊がそのトップの指揮のもとに動くわけですから、うまく指揮命令系統が機能しないかもしれない。そこで現場から『長官の一筆をくれ』ということになりましてね。私の責任においてと書きました」

——原発事故という想定がなかったために問題は起きなかったか？

「派遣の予算などをどうするかということですね。原発事故で出動した場合、それもどんな事故か、どんな作業かなどという具体的な想定がないから、予算措置もまったくできていなかった。みんな、それぞれの地方自治体の予算でやってくれましたがまた同じようなことが起きたら今度はそうはいかない。地方自治体への負担はおかしい。国の仕事ですよ。消防職員については被ばくなどの心配もある。そこで、私と新井総監で財務省にかけあって、福島に行った消防職員の健康調査の予算を取りました。実は、事故のあと天皇皇后両陛下に御進講したときに原発出動の活動を説明したら、皇后陛下が（隊員の被ばく健康診断は）

『お辞めになったあとも末永くお願いしますね』とおっしゃったんです。今後もずっと受けてもらうように予算措置を続けなければならい。でも、もし発病などしたらどうするのか。そこはまだ何も予算的に手が付けられていないので、これもやらなければなりませんね」

――しかし、「安全神話」が蔓延していたのか、原発と消防という部分では法整備も含めて準備できていなかった。3・11は教訓になっていますか？

「言い換えれば、原発に対しての法制度が甘かった、今回はすべて人に委ねられたということですね。（4年経っても）手がついていない部分が二つある。一つはああいう（注水など原発事故に対応する）部隊をこれからも国の命令で行かせるなら、消防庁内かどうかは別にして『特殊消防隊』のようなものを作るしかないと思います。しかし、そんな具体的な話にはまだなっていない。ならば二つ目。もし今の形でやるというなら、消防隊員を原発のように国の仕事で動く場合には国家公務員資格にするとか法整備すべきでしょう。アメリカ合衆国連邦緊急事態管理庁（FEMA）は、ニューヨークやシカゴの消防隊員が危機管理の際には国家公務員にすることができる。そうすれば、指揮命令系統も国一本だし、安全や身分保障も含め国の予算でもっと手厚くやれます。そういう制度にすべき。原発事故と消防、一体それは何なのか、消防がやるなら任務を果たせる財政措置や法的整備が必要です。いまの制度のまま同じことが起きたら同じことができるか分かりません」

――早く着手しないのは何故？

「もう二度とないと甘く考えているんじゃないかと思います。そうやってだんだん、あのときに関わったみんなが当事者でなくなっていくようではダメ。風化させないこと、引き続き制度の検討などしていくことが大切なんです」

――今後も、首都圏の直下型地震などが確実視されているが、消防組織から見ての課題や改善点はどこか？

「直下型地震についてまず言えるのは、倒壊や瓦礫で果たして被災地に近づけるのかということですね。そうなるとヘリコプターしかない。直下型のひとつのポイントは『空』をどう使うかということです。陸路は無理ですから、隊員を空から入れるということになります。そうするとヘリの数が圧倒的に足りない。予算を確保して消防のヘリを増やすことはもちろん、自衛隊のヘリ応援などの話し合いを早急に具体的に詰めることが大事だと思います。しかし、最も重要なのは、やはり自主防災組織だと思います。大災害のときは、自分で自分の命は守る、自分の周りで協力し合って守るというのが基本です。警察も自衛隊も消防も時間がかかるのは間違いない。直下型は瓦礫で前へ進めない。それが現実です」

――自主防災組織を進めるのは地方自治体だが、全国的に進んでいるのか？

「自主防災組織の設置数はいま全国で15万を超えて、人口の8割がそこに含まれているという計算ですが、たまたまその地域に住んでいるだけで数にカウントされ自主組織の実態や中身を知らない人も多いでしょうから、実態数はどこまでか分かりませんね。それに、自主組織内で決められている避難の中身などがどうなのか。たとえば、避難場所というのは、災害によって変えなければならないというのが3・11の教訓です。あのとき住民はすでに決められていた避難場所に逃げたのに、津波だったためにのまれてしまったケースが数多くあった。災害と言っても、火事、地震、そして津波などいろいろある。そのたびに逃げる場所が違うというのをもう一度それぞれの自主防災組織で選定し直して確認する必要がある」

来るべき首都直下型への備え

首都直下型地震の前例は何と言っても1995年の阪神淡路大震災だ。張り巡らされたガス管が破裂して火が出る、ビルや家屋が次々に倒壊する……。そして新たにそこに被害の可能性として加わったのが東日本大震災で実際に発生した津波の恐怖だ。今後首都直下型、東海地震などは、東京湾岸地域や東海地区などの沿岸部とそれにつながる平野部に、火災、倒壊に加えて、大規模津波が襲ってくることになるわけだ。消防という一組織での対応では限界がある。

「首都圏で言えば、大切なのは民間としっかり協力することです。協定などを急いで結んで行く必要があります。直下型で平野部は津波なども考えられる。高層マンションなどに避難できるような協定を民間マンションと結んでおく必要があります。少しずつ進んでいるようですが都心の平野部で津波の避難場所はまだまだ足りません。いま消防隊員は100万人を切って約86万人。もっと多くの人が消防隊員になって欲しいのはもちろんですが……。首都直下地震などが起きた場合、消防団員の数が足りているかといわれると、残念ながら限定的な数と言わざるを得ないでしょうね。しかし、（首都直下地震などは）いつ起きるか分かりません。何と言っても自主防災組織をしっかり作ってそこへ消防隊員が行って、避難場所の再選定なども含めて指導する、同時に民間との協定など急ぐべきだと思います」

3・11に真正面から挑んだ久保氏が語ってくれた真相と本音。その苦悩や失敗を、政府全体で法整備や制度設計の見直しに一日も早くつなげる責任が求められる。

（2015年4月・東京にて）

中央の司令塔を一本化できなかった

東日本大震災

先崎《まつざき》 一《はじめ》
自衛隊初代統合幕僚長

先崎《まつさき》 一《はじめ》

1944年鹿児島県生まれ。元陸上自衛官、第28代陸上幕僚長。2006年に発足した統合幕僚監部で初代統合幕僚長に就任。東日本大震災発生時には、自衛隊が初めて統合組織で救援活動を行い、これを指揮した。原発対応や司令塔の一本化など今後の自衛隊の大災害活動に教訓を提言している。退官後は日本地雷処理を支援する会の会長を歴任して、カンボジアなどでの地雷処理にも取り組むなどした。

スマトラ地震で学んだ統合組織での連携

――東日本大地震、3月11日の発生時にはどんなことを感じたか。

先崎　これはもちろん大自然の驚異の凄さということではあります。しかし、私の場合は特に思うところがありました。ちょうど、統合幕僚を作る準備をしていたときに起きたスマトラの地震。あのときは、陸海空の部隊、つまり初めての統合組織で現地に災害支援に行ったんですね。スマトラの津波を思い出しましたよ。現地に入って、残っていたのはヤシの木だけでしたね。ありとあらゆるものが押し流されて、想像を絶する光景だったんです。それがこの日本で起きるとは。ここまでの災害というのは有事そのものです。

――スマトラ地震の際にはじめて自衛隊が統合組織で派遣。そのときの経験は今回の震災で生かされたのか？

先崎　確かに今回の東日本大震災の自衛隊の対応は、初めて統合という組織でやっていますね。機能していると私は思います。陸海空それぞれがそれぞれの組織で動いて連携してやっていました。スマトラのときは、各国から軍が入ったんです。それが互いに情報共有しながら支援を行った。なかでも、そのときにやって今回にもつながったというのはアメリカ軍との連携でしょうね。スマトラのときはアメリカ軍と共同でやりました。アメリカはいま、世界を5つの地域にわけて一つづつの統合軍を持っています。そのそれぞれが、それぞれのエリアの対応をしています。太平洋方面はハワイに司令部太平洋軍があって、何かあればそこに近隣軍を集めて動くということになるんです。スマトラの時にはタイのウタパオに米軍の沖縄の司令官がトップになって司令部を立ち上げてそのあたりの空母などもすべて掌握して集めて指揮下に入れてやりました。アメリカ軍だけで1万数千人を指揮下に入れてスマトラの災害に当たった。そのときに情報も一元化され、我々自衛隊もその中に入って共有して活動をやりました。

——日米の連携が特徴的だったと。

先崎　今回の東日本大震災は、東京の横田基地に太平洋軍艦隊司令部の海軍大将をはじめとする200～300人のスタッフが入って、いわば有事の展開部隊を作ったんです。そこから情報などを日本と共有しながら、分析し、何がどこに必要かなどそのあとは支援モードへと移っていきました。そのオペレーションは「TOMODACHI」と名づけられました。当然、軍だから、日本側のカウンターパートは自衛隊です。横田、市ヶ谷中央司令部、仙台に日米共同の調整拠点を置いて、ずっと情報交換しながら支援活動に当たっていました。言い換えれば日米共同統合作戦、武器を持たない実戦と言っていいと思いますね。

原発問題は国として、国家として、自衛隊も何をすべきか

――今回は原発問題が起きています。自衛隊も原発事故と関わらざるを得ないですが……。

先崎　正直に言って、原発の問題に対して日本として国家として真正面から対処してきたのかという疑問を持っています。自衛隊の立場でいえば、原発に何かあったとき、自衛隊にはどういう役割分担があるのかという点でこれまで不明確な部分もあったんじゃないかと思いますね。現在の状態がどうなっているかというと、自衛隊は被災地では、一般災害の被災地と原発の二正面作戦をとっていますよね。そのうち、原発においては朝霞司令部（埼玉県）に、中央即応集団というのをもっています。これは、全国や海外で災害が起きて真っ先に派遣する部隊なんですが、そのなかに中央特殊武器防護隊、中央特殊武器衛生隊とかそういう化学防護の専門部隊がいます。そこで行っていることは何かというと、検知、住民の避難誘導、放水、また除染機能を持っているので原発周辺地域で放射能を測定し除染。そして、原発の敷地内そのものでのエマージェンシーに備えて戦車など周辺で待機していることなどです。また米海軍と協力して給水用の水を運ぶ準備をしている。また、米軍特殊武器の専門部隊の対応などもしています。

――原発に正面から対処してきたかどうか疑問というのはどういう意味か？

先崎　3・11は緊急対応を迫られました。行けと言われれば何をできるかを考えながらも行くしかないという状況でした。自衛隊には、化学職種というのがあります。生物化学兵器などに対してどう対処するかなどやっていますが、その一環に放射能というのもあります。部隊防護や、除染とか、そこではいろいろやってはいます。でも、放射能はあくまで一環であって、正直なところまだまだ原発そのものには十分ではないと言わざるを得ません。

――自衛隊独自に原発にどう取り組んでいくのか。

先崎　原発施設の危機管理、防護体制などは、決して東京電力という一企業だけの問題じゃないと思います。原発問題は、国として、国家としてやらなければならないことです。ということは同時に自衛隊としてなにをやるべきかを考えなければならない。実は、自衛隊はこれまでも原発事故や有事に備えて電力会社や地元の自治体などと共同訓練をやってきました。しかし、共同訓練と言ってもまともに施設の中に入ったこともないんです。これまでやったことといえば、周辺で避難住民を誘導したり、施設の周りで除染したり。今回、それだけじゃだめだということがはっきり分かりましたね。要は、原発に関してはこれまでは（取り組みが）緩かったということです。原発問題に対しての、自衛隊の弱点が見えてきたと思いますね。今回の教訓を生かさなければならない。

同じ失敗を繰り返さないために

――自衛隊員は10万人体制で災害に対応しています。自衛隊員の能力はどう生きていますか？

先崎　自衛隊には他にミッションもあります。防衛警備、国際協力、PKOなども同時にこなしています。現在投入されている人員は総力の50％近くですね。交代要員もいないという状態でよくやっていると思います。具体的には、人命救助、遺体の捜索、避難所への給水や食料の供給、仮設の風呂、衛生支援、医療支援、それ以外にも道路をつくる、橋を架けるといった具合です。支援物資もやっていますよ。宅急便と同じように末端まで配ることも実は自衛隊はやっています。女性隊員は女性被災者の生理用品を聞いて回るなどしています。一件一件の支援物資をやっているのも自衛隊員なんです。でも、相当にきつい仕事は、やはり人命救助ですね。今回の場合は特に厳しい。ヤマのような瓦礫があり、隊員たちは胸まで水につかりながら、あるいは水中で瓦礫をかき分けながら捜索しています。毎日平均で80遺体を収容していると聞きました。ご遺体の中には子供さんたちの遺体もある。若い隊員なんかは非情に大きなショックを受け、ギリギリの精神状態で交代要員もいない。そこでやらなければならないのは隊員たちのメンタルヘルスをどうするのかということです。第一線の隊員たちを一時、少し前線から下がったところで数日でも休ませる。いわば戦力回復をやっているんですね。（精神的に）おかしくなる前に戦力回復させまた投入するという状態です。いずれにしても極度の状態になっていることは間違いありません。そういったケアが、災害活動の時には必要だし、心がけなければなりませんね。

——東日本大震災での官邸の初動、地方自治体の初動などはいかがでしたか。自衛隊へのシビリアンコントロールなどについての感想は？

先崎　初動はよかったと思っています。ただし、よかったというのは、官邸や中央の話ではなく、地方自治体と自衛隊の一体となった初動のことです。阪神大震災や中越地震などの経験や教訓が確実に生きてきたんだと思いますね。具体的には、東北地方とは毎年自治体などと一緒になって訓練をやってきたんですね。日ごろから、自治体と自衛隊との協力関係や信頼関係や仕事の中身を理解していました。派遣要請は知事がしましたが、早かったですよ。岩手県は発生から6分後、宮城県は16分後と聞いています。地方自治体との信頼関係を訓練などを通じて日ごろから作ってきたからです。それから、これはあまり知られていないんですが、各県庁に自衛隊のＯＢが防災担当官として出向いているんですね。

常駐しているんです。その仕組みがあったから、ＯＢたちがパイプにもなって、「自衛隊を具体的にどう活用するか」を適切に判断してアドバイスできたということです。ＯＢの活用というのは、今後の防災・災害対策では十分に生かしていくべきだと思いますね。阪神淡路大震災のときには自衛隊への要請が遅れました。そのときの教訓は確実に生きています。地方自治体と一体となってという形が出来上がったと思っています。

――では、官邸をはじめ、問題点はどこに？

先崎　中央の司令塔を一本化できなかったこと。これに尽きますね。

――それは官邸ですか？

先崎　そうです。これだけの大災害。しかも津波災害に加えて原発事故も同時に起きている。何をやるにもこういうときは中央が指導権をとり、一元的にコントロールしていかなければなりません。指示系統ラインが二つや三つになっていたりというようなことが実際にありましたね。これではだめ。元々、民主党政権では官邸機能強化が法律でも出されて議論されていたはずです。でもそれがまったくできなかったということですね。これは、真剣に考えなくてはならない。危機管理のときには、シンプルに決定して、指揮命令系統は一系統。それをやれなければ、毎回毎回災害のたびに同じ失敗を繰り返しますよ。

（２０１１年４月・東京にて）

Column 01

地震発生直後に見た
トップリーダーの危機管理

「菅（直人・当時首相）さんは、ちょうど外国人からの政治献金問題が自らに波及してもはや『退陣』の二文字も頭の中にあった。そんなときの地震だった。今は、この難局をどう乗り切るかでそれ以外のことは頭にない」

菅首相の側近は言った。

２０１１年3月11日に発生した東日本大地震は阪神淡路大震災をも越える、史上最悪の被害をもたらした。

福島第一原発の危機も依然として続いている。政治休戦は当たり前だ。

この自然災害がもたらした有事に、党派を超えたすべての国会議員が全力で当たることは義務である。

直前まで現実味を持って迫っていた民主党内の「菅おろし」も動きは止まった。当然である。災害に当たる最高責任者を替えるなどということは当面あってはならない。

しかし、それならば、最高責任者は、リーダーたる決断と行動を示し、求心力を持つて日本を引っ張っていかなければならない。菅首相、官邸、政府、与党の危機管理には問題点が多いこともさらけ出してしまった。

首相の心中の葛藤や苦悩は想像以上だろう。

だが、一国のリーダーたるその地位から逃げ出してもらっては困る。この後に及んで、増税や社会保障などの政治とカネの問題を解決することが首相の仕事ではない。想像を超える有事と危機管理。それらをどう乗り切るのかが、首相の仕事のすべてなのだ。必死の思いで震災対応に当たっている菅政権の足を引っ張るつもりはないが、いくつか指摘しておきたい。

私が、憤りすら感じたのは、発生翌日に開かれた与野党の党首会談だ。

菅首相は、野党各党の党首らを前に、

「党派を超えて協力をお願いしたい」

と要請。ところが、同じ席で、岡田克也幹事長はこう切り出した。

「震災対策予算を確保しなければならない。補正予算を組みたいが、今年度は予備費しかない。来年度で補正を組むためには、その前にまず本予算を通してもらいたい」

明らかに国会で懸案となっていた、来年度予算案の国会対策である。これには野党各党の党首も呆れ、慎重な姿勢を示した。

震災を国会対策に使うとは何事か。

人事に疑問符も

また、人事にも疑問符がつく。

菅首相は、この危機管理に増員が必要と次々に政府担当を増やしたが、これが相変わらずのお友だちなのである。

蓮舫氏を節電担当、社民党を離党していた辻元清美氏を首相補佐官、そして問責を受けていた仙谷由人氏を官房副長官、馬淵澄夫氏まで官邸に入れた。そこには、あの政敵・小沢一郎氏は当然入っていない。

それよりも、与野党超えて対応に当たるというなら、なぜ、野党の経験者を組織化しないのか。

「阪神大震災や中越地震のときに政府側で担当した大臣経験者が自民党にはいる。公明党などは、ボランティア能力の高い創価学会などの組織がある。こうした人たちを入閣させるのはまさに連立になるから無理だとしても、せめて首相直轄の災害対策本部でも作ってそこに人的協力を求めないのか。亀井（静香・当時国民新党代表）さんなんかは早くからそれを言っていたのに菅さんは全然聞き入れていない」（自民党幹部）

計画停電についても触れざるを得ない。

計画停電の影響

　実は、発生直後には、東京電力から、経済産業省などに内々に計画停電の可能性が伝えられていたというのだ。

　経産省幹部が言う。

「原発は当面稼動しない。計画停電に踏み切らざるを得ないかもしれないという話があった。すぐに官邸には連絡して、経産省は管轄の企業などへの影響を下調べし始めた。しかし、官邸から、各省庁へこの話を早めに伝えなかったために、厚労省や国交省管轄の部分で大問題が発生した」

　政府や東京電力の発表は、発生2日後の日曜日の夜。そして、翌朝、月曜日から計画停電実施という突然のものだった。

　厚労省管轄では、病院や自宅で治療をしている患者などの問題だ。家庭用の人工呼吸器などが止まってしまう。

　厚労省の小宮山洋子副大臣（当時）は記者会見で、「どれくらいの自宅療養者がいるのか。その人たちに非常用発電器は足りているのか」と記者に聞かれ、答えられなかった。

国交省管轄では朝の鉄道だ。東京電力のホームページにもなかなかアクセスできない事態となり、翌朝、事態を知らない通勤客は大混乱した。

周知時間が半日もない中で、いきなりの実施は無茶だ。東京電力からの計画停電の可能性の一報が入った時点で、官邸は各省庁に対象者への影響など下調べさせおくべきだったのに、その指示はなかったのだ。

トップリーダーの使命

私は、地震直後、大地震の先例地の体験者から話を聞いた。

2004年の新潟中越地震で村が消えてしまったという、山古志村の当時の村長・長島忠美氏だ。長島氏はその後自民党衆議院議員になった。

3・11では自民党本部に詰めて、自民党独自の震災対応に追われていたが、長島氏が、この難局を乗り切るリーダーのメッセージについて話してくれた。

「菅総理は、会見で、『決死の覚悟でやる』とか『命を賭けて』とか簡単に『生死』を引用して大げさに言う。でもあれは間違い。私は、山古志が壊滅的な状態になったときに、村民にこう言った。『私は死ねない。死なない。この事態を乗り切るためには死なない』と。そんな言葉の言い回しも、被災した当事者の住民たちは敏感に受け取って希望を持ったり失ったりする。菅さんはそのあたりが分かっていない」

トップリーダーに課せられた使命と決断はこれから日を重ねるごとにさらに重くのしかかる。

（初出『月刊公論』２０１１年5月号を改稿）

食料が不足…賞味期限切れのおにぎりをどうするか

新潟県中越地震

森《もり》 民夫《たみお》 長岡市長

森《もり》 民夫《たみお》

1949年新潟県長岡市生まれ。東京大学卒業後民間企業を経て75年に旧建設省入省　阪神淡路大震災時には建築物危険度判定支援本部長を務める。99年に、故郷・長岡市長選挙に出馬して当選。そして、2004年に新潟県中越地震に直面。被災自治体のリーダーとして危機管理や復興に当たることになるが、阪神淡路大震災に関わった経験も生かしながら独自の危機管理に取り組む。それらはのちに長岡方式とも呼ばれ災害時の危機管理のマニュアルとして注目されている。現在、全国市長会の会長も務め、地方分権の旗振り役として活躍。東日本大震災では、その経験から復興構想会議の検討部会長代理に任命された。

全国の自治体は被災地にまず何をすべきか？

――3月11日に地震が起きたときは、この長岡も大きく揺れたと思いますが……。

森　とにかく新潟県でもかなり揺れました。ゆっくりと、時間も長かったから、直感的にこれは大きな被害になると思いましたね。

――長岡は2004年に中越地震があってまちは壊滅的な被害に遭った。その体験からまず何をしましたか。

森　3月22日に官邸に行きました。私は全国市長会の会長もしているので、その立場でも何ができるか、と。官邸では、仙谷官房副長官と片山総務大臣にお会いして、全国の市町村から実務に携わる職員を被災地に派遣することを申し入れ、調整をしました。

――実務というのは？

森　今回の震災では市町村が壊滅状態となったところもある。役所の建物も流され、職員だって多くの方が亡くなっている。市町村機能を立て直さなければならない。避難住民にいちばん近いのは市町村ですから、そこが機能しなければどうしようもない。だから、避難所のお世話をするとか、救援物資を配るとか初期のボランティア的な派遣の次は、事務処理などができる実務的な職員の派遣が必要です。これが1カ月から3カ月ぐらいでしょうか。その次に、復興段階になってくると、道路や上下水道など土木技術の仕事が中心になってくる。そうすると、今度はそういった職員を1年とか3年とかいう期間で派遣するということになりますね。中越地震のときは、62の自治体から長い人で3年間長岡市のために尽力していただきました。とにかく、被災地の職員というのは、やる仕事はいっぱいある。それを段階的に考えて派遣していく体制を全国の自治体が考えなければならないということなんです。その打ち合わせと相談のため官邸に行きました。

防災危機管理で活かされる『長岡方式』

2004年に新潟県を中心に大きな被害を出した新潟県中越地震。

新潟県長岡市は壊滅的な被害を受けた。当時、まだ長岡市と合併する前だった山古志村は土砂崩れなどにより全村が完全に孤立し、村民全員が当時の長岡市へ集団で避難。文字通り、村が消えてしまった。

甚大な被害の中で陣頭指揮をとったのが、現長岡市長の森民夫氏。森氏は、現在、全国市長会の会長も務めている。

先例地の実体験や教訓は、東日本大震災の被災地や政府の対応などに生きてくる。その後、当時長岡市が独自の判断で対応した危機管理のあり方が、『長岡方式』として、防災の分野で生かされている。

長岡市は、東日本大震災では、早々に1000人（2011年3月28日現在）もの被災者を受け入れ、また、被災地への支援物資を独自に仕分けして送るなど、恩返しの気持ちで積極的に活動している。

新潟県中越地震の経験があったからこそ、政府も、被災地の自治体も、そして、何とか支援をしようとしている国民にも、まったく気づかない長岡市なりの独自の視点が数多くある。

一人ひとりが違う避難住民

――長岡市は、原発事故から避難してきた人たちを早々と1000人も受け入れましたね。しかし彼らの避難生活にどう対応するか難しいところもあったのではないでしょうか。

森　長岡市には経験があります。だからそれを今実践しています。受け入れている避難住民の皆さんの中には、最高齢で97歳という方がいます。車イスの人もいます。妊娠9カ月の方もいます。そういう方が、体育館でみんなで一緒に過ごすというわけにはいきません。経験から言うと、大事なのは住民一人ひとりが違うということです。避難住民とひと括りに考えがちですが、自治体は住民一人ひとりのことを尊重して避難生活を考えていかなければならないのです。たとえば、中越地震ではこんなことをやりました。夜、小さい子供が体育館で泣き出した。そうすると、母親が周りに大変気を遣ってしまってストレスがたまるんです。こうしたお母さんたちは、やはり別のところに場所を作ってあげなければいけない。また女性は避難所では着替えひとつもすごく気になる。長岡市では市内の紙製品を作る企業にお願いして、紙で作った組み立て式の小部屋を用意したんです。着替えや授乳などに使ってもらった。そういう配慮が必要なんです。こういったノウハウは、地震を経験しないとわからないんじゃないでしょうか。

個人からの支援物資は断った

――被災地へなかなか救援物資が届かないという話があります。この救援物資については中越地震のとき、長岡市は独自の決断をしたと聞いていますが……。

森　全国の皆さんが、被災地のために何かしてあげたい、何か送ってあげたいという善意は本当に嬉しいし尊いものですね。それは、当事者だった私にも痛いほど伝わってきました。でも、たとえば、個人の方がひとつの箱の中に、トイレットペーパーとか肌着とか離乳食とかを入れて送ってくださると、着いたときにそれを仕分けるのが大変な作業なんです。何万箱も来るんですね。ただでさえ職員は他にやることがたくさんある。そのなかで、箱から中身を出して仕分けする手間などまったくないから、倉庫に何万箱も保管されたままになってしまうんです。だから、私は、震災から最初の何カ月か、ある程度落ち着くまでは個人からの支援物資はお断りすると明言したんです。

――つまり善意を断った？

森　そう言うのは勇気がいりました。だけど、これまで地震に限らず被災地への個人からの支援物資はここが常に懸案だったんです。ずっと議論されてきましたからね。だから初めて長岡市ではっきりと言おうと決断しました。被災地というのはそういうものなんです。経験したからこそ言えることだと思います。

――そうすると個人の支援物資はどうすればいいのでしょうか。

森　個人からの支援物資を直接被災地に入れずに、まずは周辺の自治体に送ってもらって、そこで仕分けしたあとに被災地に送るようにすればいいと思います。現に東日本大震災では長岡市では、個人からの支援物資を直接被災地に送ることはせず、まず市内のバックアップセンターに集めて、そこでボランティアの人たちが仕分けをしてから現地に送っています。支援物資というのはまだ被災直後の段階では企業などがストックのある同じ種類のもの、食品でも衣類でも、そうした一種類のものを大量に送り込むことが必要だと思います。個人からの支援物資はそのあと。ある程度落ち着いて、被災地への道路なども確保できたあたりで入れたほうがいいと思いますね。

災害対策本部の会議を公開した意味

――中越地震のときは、市の災害対策本部の会議を公開したと聞いています。

森　地域のケーブルテレビを通じて、災害対策本部の会議を避難所に生中継したんですよ。狙いは三つありました。一つ目は、それを避難所で見ている住民の皆さんから、「市はしっかりやっている」と安心感を持ってもらうこと。現に、その中継のあとに避難所に顔を出すと、「よう頑張ってるな」とずいぶん声をかけてもらいました。明日はこうなる、その次の日はこうなると希望を持ってもらうことができたと思います。二つ目は、効果的なマスコミ対策です。記者会見を開くと時間がとられます。マスコミの皆さんにとってはそれが使命だろうけど、こっちの立場からすれば、そこに時間がとられている間に、やらなければならないことは山ほどある。だから公開にしてそこを取材してもらえればいいということです。そして三つ目。これがいちばん大事なんだけど、災害時は情報公開というのが非常に大事なんだということです。市民から疑心暗鬼を持たれるのがいちばん恐い。

――そういう意味では、東日本大震災での原発についての官邸の発表や東京電力の会見などが問題になりました。

森　原発の発表で数字が正しいのかどうかなどという問題が出ていますよね。でも、しっかり情報公開して、被災者にきちんと信頼してもらうことが鉄則ですよ。信頼されなければ、行政はこの困難の旗振りができない。どんどん公開したほうがいいんです。しなきゃだめなんですね。

非常時に公平の概念は通用しない

――東日本大震災では、各自治体の首長の皆さんは毎日大変な決断を迫られていると思います。首長として、被災地のリーダーとして、孤独と戦いながら何をすべきなんでしょうか。

森　ここは大事なところです。行政は、通常は公平性がいちばん大事。不公平はいけない。

これは当たり前のことですよね。でも、こうした非常時には、公平にやろうとすると時間がかかるんです。たとえば、ある避難所で問題が起きたとします。そこへ職員を派遣すると、「なぜあの避難所だけ？」と批判が出る。でも、今直面している問題に不公平との批判を受ける覚悟で対応する。「公平」という普段から大切にしている概念をリーダー自ら覆して、不公平なものも決断して実行するということです。

——批判を覚悟で？

森　そうです。例えば官僚なんかは、公平性をすごく意識していますから、ひとつの避難所で問題が起きれば、そこだけに特別な対処をしていいのか、もっとほかにも問題が起きている避難所があるんじゃないか、ならば調査してそれから一斉に対処しようということになってしまうんです。それでは遅い。いま、目の前の問題からどんどん手を打って行く。その不公平を恐れない決断がリーダーには必要ですね。

市長としての決断

——森さんも、いろいろな決断をされた？

森　リスクを負いながら決めたことはたくさんありました。たとえば食料です。支援物資で大量のおにぎりをいただいたんですね。避難所で配った食料が原因で食中毒が発生することへの不安にずっとさいなまれていました。賞味期限が切れた食料の配布については、衛生を重視する方は反対、捨てるのはもったいないと思う方は賛成と、市民の間にも賛否両論がある。食中毒による二次災害を防止するためには基本的には配布すべきでないと思う。ただ仮に食料が決定的に不足しているときに、腐りやすい食料かどうか、どの程度賞味期限が切れているかどうかなどの状況によって判断することもありうると思う。食料については、マスコミにいろいろ書かれました。某週刊誌には「避難所で大量のおにぎりを捨てた」、某新聞には「避難所で腐ったおにぎりを配布」と。どちらも報道姿勢に疑問を持ちます。「捨てた」というのは、地震発生当初のことで、余震が警戒されてましたから避難所に多めに食料を配布していました。食中毒を防ぐために賞味期限切れのおにぎりを捨てたことは無駄とは言えないと思う。「腐ったおにぎり」というのは、ただ「腐ったおにぎり」としか書かれていないんですが、実は温めた「真空パック入りの焼きおにぎり」だったんです。避難者に温かいものを食べて欲しいといってすでに温められたものが夜に長岡市に届いたので、これを翌朝各地に配布しましたが、一部地域でネバネバしていたと。でももちろん食中毒など起きなかった。この場合、夜にすぐ配るという体制が不可能だったし、前夜握ったおにぎりを翌日食べることはよくあるし、何より真空パックで焼いたおにぎりだったので、衛生上一夜置いても問題ないと判断して翌日に配ったわけです。でも、新聞には「真空パック入りの焼きおにぎり」という記載は一切なかった。災害では、日本全国から様々な食料、生のおにぎりのような腐りやすいものも大量に送られてきました。それを長岡市の場合は125か所の避難所に必要なものを速やかに配布するわけですからいろいろ決断が迫られます。大事なのはトップが決断して責任は全部背負うということじゃないでしょうか。

——これから何年かかるのか、被災地は長く厳しい道のりを歩いていかなければなりません。政府や地元自治体に何が必要でしょうか。

森　今の法体系では何をやるにしてもすべてが無理と言っていいんじゃないでしょうか。とにかく手続きを簡略化することです。私たちが直面した生活再建支援法などはそのいい例ですよね。複雑であればあるほどそこに職員の手がかかる。そこを特例として、どこまで法体系を簡略化できるか、政府にはそこをやってもらわなければならないと思います。

森氏の話のどれもが、気づきにくい視点だ。

被災地の先例地からの提言に、政府も大いに耳を傾けるべきだ。官邸に常駐してもらい指揮を執ってもらってもいいかもしれない。

（2011年4月・新潟県長岡市にて）

Column 02

癒えない被災者の心
「復興急げ」は正しいのか

岩手県陸前高田市を訪ねたのは２０１３年２月13日。前日、前線の影響で東北地方の太平洋側は雪に見舞われた。

２年前、大津波が沿岸部のまちごとさらっていったその傷跡。ただ、未造成の宅地も、取り壊し中の建物も、周辺に積まれた未処理の瓦礫の山も、すべて雪が覆い隠していた。

津波によって店舗も住居も失った主(60)は本音をこう話してくれた。

「現実を見て前向きにならなきゃいけないけどね。２年経ってもいまだに見たくないものばかりですよ。瓦礫も荒れたままの住宅地もこうやって雪が辺り一面、全部を真っ白にしてくれる。実はね、一時でも震災を忘れられるんですよ」

胸に刺さった。

復興へ向けたまちの風景もその進み具合は遅々としている。岩手県では震災で５２５万トンの瓦礫が発生したが、このうち処理されたのは27％に過ぎなかった

（2013年11月時点）。

しかも、広域処理も進んでいない。2013年10月には、岩手県議会に全国の自治体や住民から1000件近い「受け入れ拒否」の陳情が寄せられた。理由は、「福島第一原発事故の放射能汚染の可能性がある」というものだった。

「自分だって被災地の人間じゃなかったら放射能汚染の可能性がある瓦礫なんか受け入れたくないと思うだろうね。ただただよろしくお願いしますと頭を下げるしかない。でもそうこうしているうちに、『オレたちに何の責任があるんだ?』と思うようになる。どんどん嫌な人間になっていくようで辛い」（同）

被災者のこんな心の話もある。

3月11日を中心に、盛岡市内のホテルは予約で一杯だという。「2年という節目に全国からやってくる自治体関係者やマスコミの取材」かと思いきや、あるホテルのオーナーは言う。

「実は予約は地元の人たちが多いんです」

「2年経って、ようやく親族が亡くなったことを受け入れることができたんです。生き残った親族などみんなが集まり、法要をやって、供養しようという会合などの予約です」

岩手県では死者・行方不明者は5837人（2013年2月、当時時点で）。身内や友人の死をいまも受け入れられないのだ。

　仮設住宅にも複雑な心の問題が生じている。県内で約4万人が仮設住宅で暮らしている。

　時間が経ち、彼らの中からは、頑張って自立していった人たちも多い。客観的に見ればそれは喜ばしいことのように見えるが、逆に仮設住宅に残っている人たちは、それをプレッシャーに感じ自分が不甲斐ないと思い込み、精神的に不安定に追い込まれるケースが多いという。

「頑張れ、自立しよう、復興しようという掛け声だけでいいんでしょうか。頑張らなくてもいいよ、ゆっくりでいいから自分のペースで昔を取り戻しましょうねと残った人たちに声を掛けるようにしています。それまで仮設住宅はずっと使っていいんだからと」(市役所職員)

　2年も経ったのだから次の復興の段階へという掛け声が、被災者の心を一層傷つけてはいないだろうか。

高台移転を遮る縦割りシステム

「仮設での生活が長期化してきている。次の住む場所の確保、これが大変苦労している」

そう話すのは、被災地で陣頭指揮をとってきた一人、達増拓也岩手県知事だ。

政府は、津波被害を避けるために新しい住宅は高台に移転すべきとの方向を示している。もちろん被災した東北地方の各自治体も、防災上の観点からそれを良しとしている。

ところがこの高台移転が2年経ったいまも進んでいないのだ。

「100戸とか200戸とか大きな単位で住宅を高台に移転しなければならないが、やり始めるとこれがとんでもない。高台の場所が県の所有地ならすぐにそこに住宅を立てられるが、地権者が津波で行方不明だったり、山がきちんと相続されていなかったりして、とにかく用地交渉がなかなか進まない。これでは何年もかかってしまう」

少しでも早く解消するために何とかしなければならないのだが、相変わらずそこには、霞が関各省庁の縦割りの問題があるのだという。

「土地の移転や造成、住宅建設というのは、実はいくつもの省庁にまたがっている。たとえば、用地取得問題について言えば、登記関係は法務省、憲法解釈については内閣の法制局。じゃあそこが何とかクリアできたとしても、今度は建物や造成は国交省、山林だった場合は農水省も絡む……。とにかく時間がかかる。実は今回の被災では各省庁が単独でできるものはどんどん動いてくれた。現に自衛隊は独自に発生直後から動いてくれたし、道路の部分だけは国交省が道を確保して整備してくれた。でも、各省庁にまたがるものは一向に前へ進まない。遅くなるのは当たり前」

高台移転という設計は図面の上では理想的な姿かもしれないが、地形や地域によって実情はすべて違う。政府がこれを推奨するというなら、同時に、あらゆるケースに対応できるバックアップ体制もセットで整備しなければならないのだが、いまもそれができていない。

「解決策としては、所有者が明らかではない用地とか津波で亡くなった方だったりすれば、そのときはこの高台移転に関しては市町村で決めていいといった特例を国が定めてくれればいい。ずっと国に要望しているんだが……」（達増知事）

被災地に届かない交付金

さらに問題なのは、被災者に届かない「交付金」だ。

本来なら、被災した地域の思いや発案を最優先にし、自由に使えるお金でないと意味がない。災害の状況は被災した人や地域の数だけある。それぞれにニーズが違う。だからこそ、地域それぞれが考え出した事業に交付金を使うことが最も重要なのだ。

ところが、この交付金が、ここでもまた霞が関の各省庁のいわゆる「ひも付き」なのである。

「交付金は来年度予算で増えるが、5省庁40事業という枠が決まっている。それに当てはまるものじゃないと承認されないしもらえない」（達増知事）

岩手県内では、たとえば沿岸各自治体にある工業団地が高台に移転したいと要望しているが、交付金の事業項目にはない。

また、観光資源でもある砂浜を復元したいという要望も各自治体から出ている。これは、防災という観点ももちろんだが、観光事業で集客にも経済効果にもつながるという複合的・総合的な復興の発想だ。ところがこれも交付金対象事業の項目にはない。

もしこのプランで国から何らかの補助金を引き出そうとするなら、防災か、景観か、観光かでそれぞれ陳情する省庁が別で、認められたとしても拠出される政府予算は防災分のみ、観光分のみの額という具合だ。要するに、「防災・景観・観光・経済効果」といった多省庁にまたがる総合的な復興政策案だと、これを受ける1カ所の窓口も、それに交付金を充てるといった仕組みもないのである。

お隣の宮城県でも、高台移転が地形的に無理だという住民らと自治体が知恵を出し合い、高層ビル建設を計画した。3階までが商店、4階以上は住宅というもの。「これだと、工期も早いし横に広がっていた町並みやコミュニティを縦にするだけ。津波が来ても上の階へ避難すればいい」（気仙沼市職員）という妙案だった。ところが住宅建設の窓口でもある国交省に行くとはねられた。「3階までに商店が入っているならこれは経産省の管轄にもなるから国交省単独で認可判断できない」という理由だった。完全な縦割りである。こんなミスマッチが、いまも現地ではあらゆる場面で起きているのだ。

「(そういう弊害をなくすために)私は発生から5日後には、関東大震災の復興院のような組織を提案した」(達増知事)

関東大震災の直後、政府には復興院が設置され、その総裁に後藤新平が就いたが、後藤は当時主要各省庁の大臣も兼ねていたから、縦割りを平気で越えて決断し復興策に予算を投じた。

阪神淡路大震災では、当時の村山富市首相が、自民党の小里貞利氏を現地に張り付かせ、そこに各省庁の官僚もつけて「現地の要望は全部現地で聞き、各省庁を超えて小里氏が必要と判断すればそれを決める権限も与える。責任はすべて村山首相がとる」という体制を組んだ。

今回の震災も復興庁が設置された。かつての復興院や小里体制の教訓を生かしたはずが、本部は東京、復興庁に予算や権限を付与する法律も作られなかった。「民主党政権は、予算の権限をキープしておきたい財務省に『財源がない』『税金なのだから一括管理が必要』などと丸めこまれた」(自民党ベテラン)のが原因とされるが、達増知事は「副総理格のトップを置き権限も与え省庁の枠を超えて実行できる復興庁じゃないと意味がない」と話す。

安倍政権は復興庁の事務体制を一部見直し、被災地・福島に「復興再生総局」を置いた。現地の声が届きやすく決定・指示にスピード感を持たせるためで一歩前進ではある。

しかし、復興庁に各省庁を横断した権限が付与されたわけではない。そうするためには法改正が必要で関連法案も含めると時間がかかる。ここには、いまだ手がつけられていない。縦割り対応は依然残されたままなのだ。

そもそも、復興庁の制度設計が誤っていた。

「安倍総理のリーダーシップと各省庁の大臣の連携によって、運用面で克服してもらうしかないが……」

達増知事は僅かな期待を口にした。

岩手県は、国際リニアコライダーと呼ばれる世界最先端素粒子研究施設誘致を核とした東北圏再興に着手し、地域が政府に先行して動き始めていた。

ただ一方で、癒えぬ心、使えない交付金と縦割りの弊害。被災地の復興の道筋はまだまだ闇の中である。


（初出『サンデー毎日』２０１３年2月15日号を改稿）

大事なのは、同じ復興でも「創造的復興」をやること

東日本大震災

村井《むらい》嘉浩《よしひろ》 宮城県知事

村井嘉浩《むらいよしひろ》

1960年大阪府豊中市生まれ。1984年防衛大学校本科を卒業し陸上自衛隊幹部候補生学校に入校。同年9月、陸上自衛隊に入隊し、東北方面航空隊でヘリコプターパイロット、宮城地方連絡部募集課広報班長などを経て1992年に退官。その後松下政経塾に入塾し、1995年宮城県議会議員選挙で初当選を果たし3期連続当選。2005年宮城県知事選挙に出馬し当選。現在3期目。東日本大震災復興構想会議の委員など歴任。

議論を呼んだ水産業復興特区とは

――ちょうど東日本大震災から2年が経ちました。村井知事が提案された宮城県の「水産業復興特区」(以下「水産特区」)が、いろんな議論を呼んでいますね。

村井 これはもちろん宮城県の復興をかけた政策ですが、日本にとって大きいと思っているんです。すでに国(復興庁)に特区申請をしていて、認定されるものという風に思っています。(※2013年4月末に認定された)これは、簡単に言えば漁業権を民間に開放するという特区なんです。分かりやすく言うと本来法律では、漁業権は優先順位が決まっていまして、第一義的にはその地域の漁協、そして漁協がそこをいらないとなった段階で初めて、民間の人たちがやることができるという風になっています。逆に言えば大きな既得権益のようなものになってるわけですね。それを今回、震災で壊滅的な被害を受けた漁業を何とか復活させていきたいと、民間のお金とノウハウと力を入れてやっていくというものなんです。漁業復興、復活させるために、すべての海ではなく、一部のエリアですけれどもこれを民間に解放してはどうかという特区なんですね。そうなるとどうしても全漁連、また宮城県漁協などは、反対や慎重にという声もありますよね。そういう現場の方たちと話し合いながら時間はかかったんですけれども、なんとか法律の範囲内に収まるようになったということで申請に踏み切りました。

漁業権を民間に解放する新しい試み

私が村井嘉浩宮城県知事に話を聞いた2013年4月は、ちょうど、村井知事が復興のために国（復興庁）に申請していた「水産特区」が議論を巻き起こしていた。

宮城県は東日本大震災の津波で、142港ある漁港すべてが被災。漁業は壊滅的な被害を受けた。漁業は宮城県の主要産業の一つであり、県民の心の支えにもなっていることから村井知事は、「水産特区」創設による漁業再生を提案。この仕組みは、民間企業の力で水産業を復興させるため、これまで漁協の組合員に優先的に与えていた「漁業権」（5年間）を民間企業にも開放するという規制緩和だ。全国一密集度の高い漁港を3分の1に集約し、生産から加工・販売までが一体の新たな漁業の経営形態を実現しようと民間資本の参入を目指した。

しかし、地元の漁業従事者は、「漁業は一人ひとりが経営者のようなもので、それぞれが自分のスタイルでやってきた。そうした漁師のプライドや地域の意向を踏まえない特区導入は容認できない」「過去の例でも民間企業はいったん魚価が下がればすぐ撤退する。これまでの地域の共同体が壊される」など反対の声が上がった。ただ、村井知事は、震災前から、すでに宮城県の漁業は後継者不足にも直面していて改革も必要としていたことから、前向きの漁業改革と復興を同時に進める試みとして力を入れたのだった。

付加価値をつける「創造的復興」

――漁業復興ですが、既得権といったものが絡んでくると説得とか、ものすごく大変だったんじゃないですか。

村井　対話は一生懸命やってきました。正直まだ完全には納得はされてないかもしれません。反対は反対なんですけれども、法律の工夫によってできる限りマイナスがないようにしているのと、大事なのは、やはり同じ復興でも、「創造的復興」をやりましょうということなんですね。

――「創造的復興」？

村井　単なる復旧だけでなく、それに様々な付加価値も加えて、新しい宮城県をしっかり復興して行こうということです。でも、付加価値や改革は既得権とぶつかりますね。漁業従事者の方たちとも、膝詰めでみなさん話をさせていただいていて総論賛成なんですね。再構築しましょうと。でもそれをやろうとすると必ず損をする人が出てきますから、その人たちからすれば待ってくれということになりますよね。「創造的復興」っていうのは簡単じゃないなあという気はしますが、私は全身全霊でこれをやっていきたいんです。

――「水産特区」が日本にとって大きいとおっしゃったが、これが前例になって日本中の漁業に改革が広がる。つまり、きっかけは宮城県の震災復興策だが、それはやがて日本全体の漁業にも影響を与える、日本の漁業の形態を先導して引っ張る――。「創造的復興」というのはそういうことなんですね。

村井　宮城県の水産業は、毎年約3パーセントずつぐらい就労人口が減ってきているんです。震災前にですよ。さらに震災後には壊滅的な被害を受けたこともあって漁業を辞める人もいて更に3割ぐらい減るというようなアンケートが出てきました。しかも平均年齢を見ると60歳を超えてるんですよ。なので、ただただ復旧して元に戻したところで、就労者が戻るわけがなく、高齢化も止まらないんです。このままではもう宮城県の水産業はやっていけないんです。そういったこともあり、単なる復旧から、新しい漁業や水産県の復活へ向けて付加価値をつけていこうというのが「創造的復興」なんです。それに、そもそも私は小さな政府、小さな行政体をつくるのがテーマなんですよ。それは、いままで行政でやっていたものはできる限り民間に任せるということです。今回、漁師さん方からは、いいんじゃないかという声も多数寄せられているんです。いずれにしても、反対があってもやらなければならないことはやっていかなければなりませんよね。震災の時に知事だった私の負う責任ですし使命です。20年、30年後に評価されるようなことをこの機会にやりたいということです。単なる復旧ではない、「創造的復興」です。

たった一カ所だが大きな一歩

そして、私が村井知事にこの「水産特区」について聞いた同年秋に、宮城県漁業協同組合と村井知事が会合し、漁協の菊地伸悦会長は「わだかまりが解けた」と語った。既得権をめぐって意見が対立していた両者だったが対立が解消した。菊池会長は「(特区における漁業権が保障されている) 5年後に評価したい」として「県とのパイプはしっかり (宮城の漁業のためにも) 作りたい」と話した。村井知事も「大きな前進。(改革に) 漁業の力は欠かせない」としている。

結局、「水産特区」で参入したのは1件。水産卸の仙台水産 (仙台市) と石巻市桃浦地区のカキ養殖業者が組んで設立した会社だ。

村井知事は、5年目を迎えた今年のはじめ、この「水産特区」について記者会見で次のように総括している。

《特区の効果が非常に出ていると思います。特区のいちばんの目玉は、民間が漁業権を持つということです。漁協に一回一回お断りしないで自分たちで販売経路、販路を開拓できる。また、自分たちで自由に加工することができる。またあわせて、民間資本を投じやすい環境を作る。この三つが大きなポイントですけれども、全てうまくいっていると思います。「仙台水産」（民間企業）の資金力を使って、また、営業力を使って販路をいろいろ開拓し、その結果、桃浦（石巻市）のカキの付加価値が上がって非常に高い値段で取引ができるようになりました。ただ、特区で認められている漁業権は5年間で、あと2年半以上です。これは5年間たってこの水産特区がうまくいったかどうかというのをしっかり検証しながら、また、国が今後この制度を残す意思があるのかも確認しながらよく検討しなければならないと思います。たった1カ所でありますけれども、長年の固定的な概念、慣習を打ち破ったという意味では大きな一歩ではなかったかなと思います》

あらゆる分野を集約化・大規模化

――「創造的復興」についてもう少し具体的に聞かせて欲しい。

村井　震災のあった2011年の3月11日から10年間で創造的な復興を成し遂げようということです。10年を、3年、4年、3年という期間に区切りました。最初の3年を復旧期、まあこれは最低限元に戻す復旧期ですね、それで次の4年間は再生期、いわば種をまく時期ですね。そして芽が出てきたらそれを刈り取って、大きく伸ばしていく発展期を最後の3年ということにしました。そして、2021年の3月の10日にはすべてが終わりたいということで計画を立てたんです。

――その3・4・3年のもっと具体的なメニューはどうなっているのですか

村井　10項目の柱があります。たとえば1番目、まちづくりは高台に。2番目は水産業。元に戻す水産業ではなくて142ある漁港も集約化していこうと。それをすべて元に戻すのではなくて、必要なところには積極的に投資をする。そして最低限の修復だけするところは修復するだけすると。これがまさに「水産特区」です。3番目は農林業なんですけれども、これも大規模化、集約化をして、民間の力をできるだけ入れていこうと。これらが

10項目ありますが、要するに復興の名のもとに、いままでと違うかたちで付加価値の高いものに作り変えていこうと考えたということですね。

——被災地がハンディをバネにしてそれを新しいスタイルに。それが被災してない全国に広がっていく——。そこに意味があるんですね。

村井 はい。漁業だけでなく農業もこの機会に集約化をするという。いままで小さな田んぼがたくさんあったんですが、全部津波でやられて塩を被りました。ならば、まず面的に大きく集約化し、そして経営を大規模化しましょうと。民間にもやっていただきましょうと。そして、作るものも付加価値の高いものをどんどん作って行きましょう、米ばかりじゃだめですよと。さらに災害に強い農村づくりということでバッファーゾーンを作り道路を高く盛り、内側の建物を守るといったようなやはり農地をこの先整備していこうと。

——他の分野でもありますか？

村井 医療ですね。津波で病院も流されたのですが、そうすると患者さんのデータや薬のデータも流されてしまった。そこで、いろんな病院のデータをどこか遠く離れたところのホストコンピューターに保存できないのかをやっています。

——本来カルテなどは外に出さないのでは？

村井 協力してくれる病院もあれば、協力してくれない病院もあるんです。これはもう一つずつ説得してお願いしていくしかないですね。一応沿岸部の被災したところには全部お声がけをしてやっているんですけどね。宮城には東北大学という医学部のある大学病院がありますから。ここを拠点にしながら、中核病院を作って、周りに小さな病院だとか老健施設だとか作って、情報をなるべく共有化し、病院に行かなくても在宅で診療を受けられるよう繋げていければいいなと。

――この仕組みはこれから日本が少子高齢化になって医療・介護と病院や施設のあり方が問題になる中、成功すれば全国の先例になる？

村井　なると思います。

――それから、村井知事が力を入れている一つにエネルギー政策がありますよね。

村井　新たな高台。津波も考えて海から離れた場所に新たなまちづくりをするんですが、その際には、市町村長さんたちと話をし「スマートシティ」、「スマートタウン」に取り組もうじゃないかと。ただ太陽光パネルを設置するだけではなく、町全体でエネルギーを効率的に使えるように、たとえば電気を蓄電池で貯めて災害時にはそれを町なり、病院なりに供給できるような仕組みを作りたいんです。さらにその町では、エコカーなども活用しながらですね、電気を共有できるようなまちづくりをしましょうよということで、取り組みを進めているんです。被災した、ほとんどの町でこの取組みはやりたいと思っています。

ただやはり首長さんの考え方で多少仕様が変わってきますので、県の役割としては横串の役割を果たして、できるだけ同じ仕様で、隣の町同士でまったく違う形にならないようにしようとしています。岩沼市などは災害時にも電気がこうこうと照らされるような町を作ろうと取り組みを進めておられますし、沿岸部の漁港辺りはそうやって蓄電池を使って災害時でも水産業が稼働できるようにしようといった取り組みもしています。

――これも別に被災地だけじゃなくて日本全国でモデルケースになるわけですね。

村井　普通はスマートシティっていうのは大都市の中心で人口が多くて若い人たちが移り住むとこで実験的にやっているケースが多いんじゃないですか。でも今回は、過疎化が進む、高齢化が進む町で作るということなので、うまくできれば、今後少子高齢化が進む全国各地でどういう町を作ればいいのかというモデルを示すことができるのではないかと思っています。

暗中模索の時期を経て、復興庁とのチームワークも改善

――復興庁や復興交付金の制度やたてつけはいかがですか。

村井　5つの省庁の40事業をパッケージでやって、被災自治体が提案した事業でそれに適

うものには交付金を出しましょうというものですね。宮城県は、復興庁との事業の認可や交付金の配布のやり取りは比較的うまくいってると思います。たとえば大きなハウスを作ってみんなで会社を作って、付加価値の高いものを作ろうとしてみたりですね。

――最初の頃は省庁の縦割りがあって、5つの省庁の所管をまたぐようなプランは、はねられていましたよね。

村井　最初はそうでしたね。復興庁もこっちもお互いせめぎ合いで、向こうも我々も暗中模索のような状態でしたから、それはもうぶつかり合いましたね。

――民主党から自公に政権が代わったというのが大きいんですか？

村井　まあ前政権でも一生懸命やってくれていたと思います。あえて違いを言うなら自公政権になってスピードは上がったと感じはします。自公政権は非常に官僚の使い方がうまいですから。たとえば復興予算19兆円だったのを25兆にするって、この6兆上げただけで役所の雰囲気がガラッと変わるんですよ。細かい枝葉末節ももちろん大事だけど、そういうポンとやって、ある程度の方針を示して、そして思い切ってやらせると。そういうのが自公は非常にうまいなあという気が改めてしましたね。復興庁の職員もはじめはみんな寄せ集めだったので、全然顔も分からなかったし我々との人間付き合いもなかったのですが、だんだん我々と復興庁のチームワークも良くなってきたと思います。

国民に恩返しをできるような復興を

――そしてうかがいたいのは、やはり、危機管理の際の、トップの決断という点です。孤独だし、決めたことは責任を負わなければならない。不平等なこともやらなければならないだろうし、批判もあるかもしれない。その辺りのトップの心の内を聞きたい。

村井　震災直後、頭は真っ白になったんですけどね。しかし、もうこれは天命だと思おうと。それで、何をやるにしても宮城県全体の発展を考えて、これから生まれてくる子供たちに理解してもらえるように。そして1万人以上の人たちの犠牲の上に復興があるわけですから、あの1万人の人たちの死は無駄でなかったと思ってもらえるような、そういう宮城県を作ろうと思ったんです。ですから、被災後にまず決断していちばん最初にやったことは建築制限をかけたんです。宮城県だけなんですよ、沿岸部に建築制限をかけたのは。家が1軒、工場が1個建ってしまうとそこでもう今後の、未来の、まちづくりが止まってしまいますので、これはもう止めました。県民からは、お隣の岩手県は自由に作れるじゃないかなどと随分批判を受けたんですけれど、そこから思い切った決断というのはスタートしましたね。その他にもいろんなことにチャレンジしましたが、やっぱり賛成する人もいれば反対する人もいるんです。しかし、最後はもう、「何かあれば自分が知事を辞めれば、責任を負えばいいんだ」と。そう思えば思い切ったことといろいろやれますので、やはり将来を見据えてどんどん進めて行こうといまも思っています。そうやっていくと、水産特区もそうですが最初はいろいろみなさんの反対や意見があったんですけれども、やっぱり私の「何のためにやりたいのか」という思いをずっと繰り返していると、水産庁も分かったと言って特区を法案にしてくれたわけです。間違ったことをやっていなかったといまは思っています。

——特に村井知事は自衛隊組織などの中でもリーダーシップというものを体得してきましたが、それでも精神的にも肉体的にも厳しい環境だったのではないか？

村井　もう最初の頃は本当に混沌としたような状況でしたから、まず情報が入ってきませんし道路がずたずたですし食べ物もない、飲み物もない燃料もないで宮城県の15％ぐらいの方が避難所生活で残りの85％の人たちも燃料がないですから買い出しにも行けない。スーパーが開いていない、そしておびただしいご遺体が、なんと1日最大1080体見つかった日があるんです。1日でですよ。一体のご遺体が出ただけでも大変なのに1080体。そのご遺体を収容する棺を1080個準備してドライアイスを準備して、全部検死をして、遺留品を全部失くさないようにきちっと保管しなきゃいけませんし安置する場所も探さなきゃいけない。それにあの20年分ぐらいの瓦礫が一瞬にして生まれたわけですから、それは想像を絶する大変な状態で、それが現実でしたからね。いい加減な指示を出してはいけませんので、対策本部でみんなの意見をしっかり聞きました。適時適切に誰と誰がどういう状態で打ち合わせをし、いつまでに誰が責任持って結論も出すんだってことを災害対策本部で決めるようにしました。それともう一つ、災害対策本部会議をすべてオープンにしたんです。本部会議は極限の状態ですから喧嘩みたいになっていきます。でもそれも全部マスコミに開示しました。情報を隠さないことは被災者の信頼を得るには絶対に必要ですし、開示することでいい考えや対策が研ぎ澄まされます。そこで私はとにかく冷静になれと言い聞かせて采配をしました。あなたたちでこの問題についてはいつまでに結論を出してくれと、そして、いついつの災害対策本部で報告してくれといったようなことをやりましたね。

——新潟県中越地震のときの森民夫長岡市長は、災害のとき、決断するときには誰にも相談せず1人で悩んだ、そして決めたとおっしゃっていました。

村井　分かります。私の場合こんなことがありました。灯油を被災地に配ろうとしましたが、ある製油所が火災を起こして使えなくなって、津波でパイプラインも動かなくなってしまっていました。ところがタンクにはたくさん灯油が残っているんですよ。灯油をドラム缶に入れて運ぼうと思ったんですが、灯油とか重油は、いろんなことで使えるし、重油などは車に入れるとディーゼル車が動くんですよ。ただ、これは法律違反です。トラックなどには軽油取引税がかかった軽油を入れなければならない。だから、むやみに製油所から灯油などを勝手に出して配ったら、使い道次第では違法になるんですよね。でももう、生きるか死ぬかですよ。私は、もしこのことが明らかになって国がだめだって言うならもうそれは私の権限で出しちゃおうと思ったんです。でも国はギリギリで許可を出してくれましてね。特別に認めるっていう文書をくれました。そういうことはいろんな場面で度々ありました。違法行為ですけど、みんなもう凍えてるわけです。いざとなったら辞めようと思わないとできないですね。

——村井知事の復興策を聞いていると、被災地は復旧よりも、むしろ前へ、先へ。それは逆に全国の自治体などが被災地から学ぶというような行政を感じますね。

村井　私はこの復興は国民のみなさんの増税によって成り立っていますから、何らかの形で国民のみなさんに恩返しできるような復興にしたいと思っています。だから国民のみなさんにお願いしたいことは、ぜひ、観光で宮城県に来ていただきたいです。

（２０１３年４月・東京にて）

復興というのはエリアで見る発想が必要

東日本大震災

達増《たっそ》拓也《たくや》 岩手県知事

達増拓也《たっそたくや》

1964年岩手県生まれ。1988年東京大学法学部を卒業後外務省に入省。在米大使館書記官、外務大臣官房総務課長補佐などを経て、1996年総選挙に新進党から出馬して初当選し以後4期連続当選。2007年に岩手県知事選挙に出馬し現在3期目。東日本大震災後は復興庁復興推進委員会委員を歴任。

日本再生と復興がばらばらに

——震災からおよそ2年が経ちました。永田町では政府にしても政党にしても、東日本大震災のことに話が及ぶと「復興へ向けて何をすべきか」を語る人が多くなってきました。でも、私が度々思うのは、現地は果たして前へ歩き出す準備ができているのか。中央と被災地の乖離《かいり》が気になります。

達増　圧倒的な巨大災害でしたので、岩手県だけでも亡くなった方そして未だに行方不明な方、合わせて5841人といういま現在の数字ですし（2013年4月現在）、まずそこのことだけでも非常に重い日々の2年間であったわけです。また、岩手だけの数字ですけれども未だにおよそ4万人（同現在）の方々が仮設住宅やその関係の住宅で不自由な生活を余儀なくされている。その方々にとっての2年間というのは本当に長く辛い2年間だったと言えると思います。一方で、応急対応からだんだん復興の方にフェーズも移ってきているわけです。たとえば、漁業の漁獲量とか、あるいは商工関係者の事業の再開とかそういうのは6割から7割くらいのところまで回復はしてきているんですね。岩手の沿岸地方の税収の額も、大震災前の水準に次第に戻ってきているところもあります。しかし、一方で住む場所については仮設住宅での生活が長期化してきていて、じゃあ次の住む場所っていうことについてはこれも高台移転ですとか区画整理とか、その用地の手続きの段階が大変難しくそこにとどまっていますので、「2年経っても何も進んでない」っていう感覚はその辺から生まれてきているんですね。

――その高台移転などについては、永田町では高台に一斉に移すようなイメージの絵が描かれた討議資料をよく見るんですけど、実際に地域差があるでしょうし地形的に一つひとつケースが違うんでしょう。

達増　そうですね。100カ所にそれぞれ100戸ずつというようなスケールでやっていかなきゃなりませんから、そういう大変さがまずありますね。それに、実際始めてみてとても大変なのが用地交渉なんです。本格的な持ち家債権の部分っていうのは、いま、誰かの土地所有になってるようなところを用地取得をしてそして造成してやっていかなきゃならないので、まずその用地交渉というところから大変なんです。その後、造成して、設計・測量そして耕地という段取りになっていきますので、何年もかかってしまうんですね。

――用地を扱うっていうのはこういう災害のときは相当苦労があるようですね。地権者それぞれに譲るとか譲らないとかその土地にいろんな思いがあるし、たとえば今回津波で一体誰の土地か分からないとか、移す先の高台や山が誰の所有か分からないとか。そういう所有者を探して移転の土地を確保したりすべて市町村の職員がやるんですよね。

達増　地権者との交渉っていうのは、用地担当の職員はかなり慣れてるし経験もあるので、テキパキやれるようなところがありますが、これだけの被害ですから人数が圧倒的に足りません。だから必然的に時間がかかりますよね。問題なのは土地の所有者が津波で行方不明になっているとか、あとは山の方の土地などで、所有者がもう何十年も前に亡くなっているのにしっかりそれが相続されてなくて誰のものでもなく、また相続可能な人が何十人もいて一人ひとりに了解を得なきゃならないというようなことがあちこちであるんですね。そういうケースについて、この土地所有者がいま行方不明であったり、はっきりしていないところについては市町村がその権限で処分できるようにっていうような特例を定めてもらえればかなり早くなると思います。これは震災直後からずっと政府には言ってるんですがなかなか堅いんですよね。

――いまの時期だけなぜ被災地で特例で簡素化できないのか。

達増　一般的な話としてですが、単独省庁でできる仕事については、国の仕事はかなり早いです。典型的だったのは自衛隊の展開ですよね。これはもう自衛隊の権限でやれる話ですから、ものすごいスピードで展開して動いてもらいました。あとは国土交通省の道路を切り拓く作業も。国交省独自にやれることは非常にスピーディーで予定よりも早くできているようなところがあります。ところが問題なのは複数省庁にまたがることについてです。これは非常に遅いし、いつまでも決まらないですね。発災直後は燃料不足っていうのがまさにそうで、これも法律や許可や取扱いなどが複数省庁にまたがる話でなかなか被災地に燃料が届かなかったんですね。土地についても、実はいろんな省庁が関係しているんですよ。土地に関する所有権や譲渡などについての法律や登記などは法務省とか、あるいは憲法解釈については内閣法制局とかが絡んでくるんです。さらに、土地の移転や造成の事業は、あるものは国土交通省マターだったりあるものについては農林水産省マターだったりとか、そういった中での調整がなかなか決まらないところがあります。

――災害の際、危機管理という観点から、そうしたことはオーバールールでやらなければだめでしょう。役所は法律や平等の原則でなかなか思い切ったことはできない。それを命ずるのは政治ですよね。つまり首相がやれと言えばやれる。

達増　復興庁という縦割りの弊害を克服するための復興の役所というのができはしましたが、そもそもできるのが遅れたし、できたけれども各省にまたがるような問題の調整っていうのはなかなか手がつかなかったっていうところがありますね。民主党政権がもう少しその辺りを分かって復興庁で思いきって縦割りを打破していろんなことを調整して許可するなど旗振りをしてくれればよかったんですけどね。発災後の1~2年間は民主党政権の内閣全体としても、消費税増税とかＴＰＰ（環太平洋経済パートナーシップ協定）とかに集中していて、国の力で大きく復興を前進させるんだっていう姿勢が足りなかったんだと思います。

——政権の怠慢だった？

達増　こういう事態になって国が全面的に力を発揮してほしいのは、ずっと言い続けてることではあるんですけれども、まずこの用地手続きの簡素化っていうのが一つ大きいです。二つ目は、市町村でこの用地関連の担当職員が津波の犠牲になったところもあって、マンパワー不足。ここを補う人的支援を国の方からもやってほしいということ。それから三つ目は、ここへきても霞が関が権限を手放さないというか、復興関係の予算についていろいろ復興交付金とか新しい制度もあるんですけれども、かなりひも付き補助金みたいな感じなんですね。自治体が自由に使えるような感じになっていない。復興庁も5省庁40事業みたいな適合条件みたいなのがありますしね。自民党政権になってすこし融通がきくようにはなってきましたが、ここをもうちょっと市町村や県の使い勝手がいいようにやって欲しいということですね。この三つが大きい。復興を加速するにはその三つをクリアしていかないとだめだということです。

——阪神淡路大震災のときに、当時の村山首相は連立の自民党から小里貞利さんを現地に派遣して各省庁の役人も派遣して現地のことは現地で判断して決めろと、村山さんは「責任は全部自分が取る」と。これが復旧を前に進めました。私は今回、民主党政権がそれを形にしたのが復興庁だと思ったんですが結局5省庁の40事業に限るとか、どうしてまたこここに縦割りの省庁の権限が出てくるんだと。

達増　私が知る限り、菅内閣のときには、そういう復興庁なんていうのを作るよりも、内閣の復興対策本部、総理が本部長になって、そこで各省庁を統合していけばいいんだっていう建前だったんですね。ところが、内閣総理大臣がこの本部で復興事業についてきちっとやってたかって言えば、復興構想会議に私出てましたけれども、それはもう有識者に完全に任せっぱなしでした。民主党政権は官僚主導は良くないってことで最初全然官僚に関与させないで、有識者の議論だけで数週間あるいは何カ月かぐらい、その間政府としての復興の基本方針とか政府としての復興の計画とかがまったく決まらなかったんですよ。ただ、各省庁は何もしていなかったわけではなく、それぞれ自分の範囲についてはは進めていたから、先ほど言いましたように単独省庁限りでやれる事業についてはそれなりに進んだりはしたんですね。でも一方で、復興予算を他県の事業に大義をつけて流用した問題みたいに、各省庁がそれぞれ使いたいところに使うっていうような弊害というか問題も起きたんですけどね。

――大災害のときの危機管理のための政府の組織の設計図は本当に難しい。でも、絶対に必要な要素は、平時の法律や縦割りの組織を平気で壊すということですね。

達増　私は3月11日の5日後の3月16日には、復興院、これは関東大震災のときの帝都復興院っていう岩手出身の後藤新平さんが総裁になった組織をイメージしてこれを作るべきだと官邸に申し上げたんです。後藤新平さんは当時内務大臣を兼ねていたから、いまでいうと4つか5つぐらいの省庁の大臣をしていた人なんですが、これが復興庁の総裁になったんですね。ということは権限が絶大。すべて決めていいという危機管理の際の意思決定のあり方ですね。今回の東日本大震災は、副総理大臣級の人を復興大臣にして復興院を立ち上げて、そこが先頭に立って権限ももらって何でも決めて復旧・復興をやるんだっていう体制を3・11直後にとれば良かったんだと思うんですよ。

――交付金についてですが、もう少し有効に、そして被災地が自由に使えないのかと感じます。自民党などは基金にすべきだと発生当時言っていた議員たちもいたんですが、結局はひも付きになってしまっています。

達増　復興交付金と基金と二本立てみたいになっていて、基金の方は住宅再建支援のほうに市町村も県も使わざるを得ないようになっていて、なかなか他のところに使う額が確保できないというのが問題になってます。復興交付金の方も、本当は市町村・県で自由に使えるようにという主旨だとは思うんですが、5省庁40事業というふうに事業の枠が決まっていて、基本的にそれに当てはまるようなものでないと使えないと。その40事業についても市町村のほうで非常にニーズが高い産業関係、商工・観光といったところに使えないような要件になっているんですね。市町村のほうから聞こえてくるのは、誘致企業が低地で津波被害を受けそして高いところに移転したい、その為の用地を確保するところに交付金を使いたい。あとは海水浴場の砂浜を再生して、観光客に戻ってきてもらって復興したい。でも40事業に当てはまらないからそこに使えないんです。このほか、国は、グループ補助金という仕組みを作っていて、中規模の企業がグループを作って復興を目指す場合そこに支援する仕組みがあるんですけれど、実際小さな町ではグループ作るだけの企業の数や規模がないから有効ではないし、お金を受けられない。問題は多いですね。

――何でもこのグループ事業っていうのは次第に国の予算でも減額されてきていますね。

達増　時間が経過して、大体必要な分は措置できてきたと判断しているようです。

――でも、そもそも仕組みが現地の実情に合っていないから、国が作ったグループ補助金などはハナからボタンを掛け違っていますね。

達増　被災地にはいろんなニーズがまだまだたくさんあるんです。もちろんグループ事業が当てはまる地域もある。しかし、いろんな国の補助金の仕組みとか選びたいけど、ニーズが合わなかったり条件が合わなかったりして選べないことは多い。グループ事業もそうですが、だいたい措置は終わったから減額というのはどうでしょうか。たとえば、津波被害を受けたところに再建するっていうのはかさ上げの用地造成をしたあとからじゃないと本格的な再建事業ができないので、まだ来年度とか更にその後の年度にも資金が必要になるっていうところが出てきます。だからいま終わられちゃ困るんです。それから、国の予算で言うと、たとえば住宅の再建など被災者支援と産業振興っていうのが別物扱いされてしまうんです。働く場所があって、産業がある程度ないところじゃないと住めないわけですから、そういう意味で被災者支援と産業振興っていうのは一体的に予算をつけていただいて整備して行くものだと思うんです。

――でもいまの予算の仕組みとしては、産業は産業、被災したみんなの住宅はそっちっていう風に、それぞれが連動せずに組まれ、手続きも各所で。要は合理的でないような感じなんですね。

達増　復興というのはエリアで見る発想が必要なんです。安倍内閣になって、現地駐在の事務方の担当も増やすとか、あと副大臣や政務官にも個別の政策別に担当させて責任を持たせるのではなく、エリアごとに担当させるっていう形に変えて強化しているので良いことだと思いますね。どうしても国の政策は対症療法的な問題より個別の問題にどう対応するかっていうような感じになっていると思うんです。しかし、総合的に地域をどうするか、ひいては東北や東日本っていうところをどうするかっていうエリアをどのような姿に持ってくかっていう大戦略が必要だと思うんですよね。関東大震災の直後の、帝都復興院の後藤新平総裁は、この機会に帝都東京をヨーロッパ諸国の首都を凌ぐような町に大改造して、日本全体を強く豊かにしていくというオールジャパンの大構想があったわけです。本当は政府としてこの日本再生っていうテーマとこの東日本大震災からの復興を融合させて、再生可能エネルギーの振興とか、農林漁業や地域資源を活かして、地域の経済、地域の地方の経済力を高めて国民経済力を強くするとか、そういういろいろな国全体の方向性や政権構想を合致させていくべきなんです。しかし、まだ日本再生の話と復興の話がばらばらですし、再生エネルギーも地域限定、農林水産業についても復興を目指せと言いつつ一方でTPPを進めて被災地の農業が取り残されるような方向性も。復興の形がそのまま日本全体の今後の方向性と連動するような大戦略を国にはやってもらわないとだめですね。

復興は日本の将来を映したモデル

達増拓也岩手県知事と村井嘉浩宮城県知事の語る「復興」には一つの共通点がある。それは、「復興」は被災したその地域だけに国から予算や政策が投下され、元に戻せばそれでいいというのではなく、「復興」で新しく作り上げていく東北のまち0の形態や姿が、そのまま日本の将来像に直結し、またモデルとなるようなものにしたいという点だ。

多くの犠牲を出して物質的にも精神的にも壊滅的な状態に追い込まれ、その失意の中から立ち上がるために、両知事は、「復興」をより意味のある大きなものにすべきだと考えている。たとえば、両県の被災地の「復興」で進めようとしているスマートシティや、新しい仕組みの漁業や、住居と産業が一体化したまちづくりなどは十分にそのまま未来の日本のモデルになり得る。それはすべてを根こそぎ奪われてゼロの状態に追い込まれた被災地だからこそ既成概念を捨ててチャレンジできる大仕事でもある。「復興」の先にできあがるのは、新しい日本の生活様式や産業構造そのものでなければとそこにこだわる達増・村井両知事。「復興」の現地リーダーの意地やプライドがうかがえる。

（２０１３年４月・岩手県庁にて）

自分の足で歩いているか…ローカル紙として問いかける

東日本大震災

武内宏之《たけうちひろゆき》
石巻日日新聞常務取締役

武内宏之《たけうちひろゆき》

1957年石巻市生まれ。大学卒業後、石巻市に本社がある地域紙の「石巻日日新聞」に入社。現在は、石巻市で震災などを語り継ぐために建てられた「絆の駅 石巻NEWSee（ニューゼ）」館長と石巻日日新聞常務取締役。

ローカル新聞の存在意義

東日本大震災以来、私は定期的に会って話を聞いている記者がいる。石巻市のローカル新聞、「石巻日日新聞」の武内宏之氏だ。石巻日日新聞は、震災による津波で輪転機などが水没。停電でパソコンなどがすべてやられ発行不能となった。しかし、地元紙として被災した人たちに何かできないか――。思いついたのが手書きの壁新聞だったのだ。

瓦礫の山や腰まで水浸しの市街地、避難所を歩き回った記者たちが、毎日壁新聞を作り、避難所などに貼り出した。この壁新聞は、地域ジャーナリズムとして世界的に高い評価を受け、現物の一部がアメリカの世界新聞博物館に展示された。

そのときの編集長(報道部長)が武内氏。私は、震災から半年や1年、1年半、2年、3年と節目には必ず彼を訪ね、記者の目を通した被災地の様子を聞いてきた。

壁新聞を作るに至った当時の様子についての話から紹介したい。私が初めて武内氏の元を訪ねたのは、震災から半年が経った2011年9月だった。そのときに、壁新聞の経緯や、災害報道とは何か、災害報道におけるローカリズムとは何かなどをじっくり聞いた。

創刊100周年という時期に被災して…

――石巻日日新聞は伝統がありますね。100年近くになる？

武内　新聞の創刊は大正元年。それで来年が100周年という時期の被災だった。ちょうど100周年に向けて準備を始めたところだったんですが、地域のみなさんを交えて何かイベントとかお祭りといったものをしようという企画を練り始めた時でしたね。

――編集局というか報道部ですね、記者の数や配置など体制はどうなっているんでしょうか？

武内　記者は現場は6名、私を入れて7名。本当に少ない人数でなんとか回していた新聞社ですね。その内のひとりは内勤、中の仕事半分、現場半分と。あと5人は担当持って現場の担当という形で日々活動してたっていう感じです。

――武内さんは入社して、もう石巻日日新聞一本、31年っていうことですよね。3月11日、これは一体何が起きたんだって感じだったんでしょうね。

武内　宮城県では30年以内に99％の確率で大きな地震がくるだろうと。いわゆる想定宮城沖地震というのが数年前から言われていました。この石巻でもそれに対して、防災対策や個々に家庭や事業所で対策をとっていたところだったんですが。うちの方では午後2時46分。夕刊なものですからちょうど輪転機が止まった直後の地震でしたね。報道部もひと段落ついていた時でした。最初（地震が）きたときは、まず突き上げられ、そのあと大きな揺れっていう形で。その時私たちは、報道部は2階なものですから、第一印象はやっぱりその想定宮城沖地震だなと。

――直前に地震が起きていましたね。

武内　2日前ですか。3月9日にありました。9日の地震も津波警報が出てるんですが、その時もけっこう強かったです。若干の潮位変動はありましたが、道路冠水とかそういう被害はなかった。11日はその比ではない揺れでした。「これでもか」というような、本当に部屋がゆがむのが分かるという状況でした。

――すぐ記者は現場に走ったんですか。

武内　まずは社内でパソコンとか手に持てるものを持って机の下に入り、身の安全を守る。私はまずドアを開けました。ゆがんでドアが開けられないと逃げられないですからね。そんな対応をして揺れが静まった直後には、それぞれ被害状況を確認する警察担当、それから消防などに記者たちが動いて。それからおそらくこれだけ大きな揺れですから災害対策本部は設けられるだろうと市役所へ。本当に5分も経たずに散って行ったっていう状況でした。地震発生直後はそんなに渋滞もしていませんでした。記者はもうそれぞれ目的地に着いたという状態です。そのあと津波が襲ってきたのが石巻ですね。約1時間後になります。ですからそれぞれ取材現場で取材している途中の午後3時40分頃、約1時間後になりますが、その時からじわじわ道路が冠水してきたと。ですからいちばん大きな津波は2波か3波だったろうと思います。

「紙とペンがあれば」手書きの壁新聞の誕生

――そして、壁新聞という、これは誰が思いついて、そういう流れになったのでしょうか？

武内　石巻は震度6強という大きな揺れだったんですが、地震が発生した直後から停電だったんです。そのあと津波も来たんですが、まず電気も水もなければ、それまで使っていた新聞製作システムが使えない。完全にお手上げという状況がありました。あと、うちの会社は1階フロアの2センチメートル程度が浸水で済んだんですが、新聞社の心臓部である輪転機その2台あるうちの1台が、縦型のため穴を掘って設置していたら、2センチメートルとはいえ、その水が穴の方に集中しましたね。カラーの部分を刷る輪転機だったんですけど、そこに集中したので、それも使えない状態になってしまった。やっと津波、揺れもおさまったのが夜の8時頃だったかなと記憶しております。そのあとようやく「明日からの新聞どうする？」という話になり、そのときに社長が言ったのが、「地域がこういう状態になってる」と。「こういうときこそ自分らは仕事をしなければ存在意義がないぞ」と。じゃあ具体的にどうするんだと。まずは先ほど話したように来年100周年を迎える、その直前の年にですね、数日間、新聞を出さなかったっていう記録を作りたくないと。これは本当に新聞人の意地っていうか、そういう声が出ましたね。

——壁新聞を言い出したのは？

武内　実は私が入社した直後に先輩の話として聞いていたんですが、戦時中に一県一紙統合、いわゆる言論統制ってことで、国の方から一つの県に一つの新聞しかダメだよということを言われた。宮城県の場合は河北新報さんで、うちの方は休刊しなさいよという話になったそうです。ただうちの先輩たちはそれに対しては抵抗したと。それでも最後の最後には紙の配給を絶たれてしまった。そこで印刷による新聞はストップしたんですが、その後も先輩記者たちは自宅にあるわら半紙とか模造紙に自分の思いを書いて町内近所に配ったという歴史があるんですね。地方紙の魂として入社直後によく聞かされた。そこで、今回私がその話をちょっとしましたら社長が、「それだよ。紙とペンがあれば自分たちの仕事はできるんじゃないか」と。工場《こうば》に行きましたら輪転機の高いところに積み上げていた新聞用紙のロールがあるんですよ。それが水に浸かっていなかったものだから、じゃあそれで、あと油性ペン、これでやろうやということですから3月11日の夜にはもう手書きの方向で明日から行くぞっていう方針が決まってました。

報道する側も被災者だから分かる

——避難所に貼って回ったんですね。

武内　毎日6部製作しまして、そのうちの5部は避難所、高台の避難所になりますね。会社のちょうど目の前に高台の部分があります。あと1部は高台のコンビニの店頭に貼ってもらって。

——記事の中身というのはどういうものだったんですか。

武内　初日は、おそらく避難された方は着の身着のまま高台の避難所に逃げたという状況です。まずはその人たちのために自分たちの家や地域はどうなってるんだと知りたいだろうと考え、それに答えなければということ、これがまず記事の第一ポイントになりました。ちょうど停電になっていたんですが、携帯のワンセグなどを使って、地震全体の規模、あと、他の被災地域の状況、前日の夜にうちに記者3人が災害対策本部のある市役所に入っていましたから自分たちが体験した状況、それからこの地域がどういう状況なのかを書きましたね。

――何日間壁新聞は続いたんですか。

武内　震災翌日の12日から17日まで6日間、発行しました。

――私は実はそこで災害報道って何だろうと考えさせられました。大きなメディア、たとえば新聞とかテレビとかがやってることが果たして災害報道としてどうなのかと、重要なテーマを突きつけられたと思いました。この壁新聞は、災害報道は外側の人間じゃなくて、本当に被災して苦しんでいる人たちに向けてメディアがどんどん情報を出していく、その手段は何も格好つけなくても手書きでもいいと。そういう原点を見たような気がしてショック受けたんです。

武内　地震直後から本当に多くの地方、全国各地ですね、メディア、テレビ、新聞あと雑誌がやってきて、取材しています。当の被災地である私たち石巻日日新聞もやはり取材しなければ、報道しなければならないということで活動したんですが、記者のうちの半分が取材の車が流されたり、自宅が津波の被害を受けておりましたし、動きたいようには動けないと。また、被災地の真っ只中におりましたので、出るにも車はもう道路に車が山積みされて、破壊された家屋の瓦礫とで、思うようにはなかなか目的地には行けない。限られた範囲の取材だったという状況になります。その中で、石巻のことなんですが、どんどんどんどん私たちの知らないことが中央の方から報道されてるわけですね。それを見たときにはやっぱり悔しかったですね。本来ならば地元の地域紙の私たちが報道、取材をし、被災地の方に伝えるべき最先端にいなければならない地域紙なんですけど、それができなかったってのは本当に悔しかったです。ただ時間が過ぎるにしたがって思ってきたのは、いわゆる新聞で言いますと全国紙、あと地方紙、ブロック紙、そして私たち地域紙と、まあ大きく分けて4つに分けるとすれば、「それぞれ役割があるんだな」という思いになってきました。それはたとえば全国紙だと、むしろ被災地のことを全国の他の地域のみなさんに報道する役割。

――被災地から、被災地の外側や政府に対してですね。

武内　いま、私たちの同じ国でこういうことが起きて、こういう事態になってますと。その役目を担っているんじゃないかと。じゃあ地域紙の役割は何なのかと考えた場合は、やはり先ほど鈴木さんもおっしゃってた、地域の新聞社が被災した地域の人たちに情報を伝達するという役割、これに徹すればいいじゃないかと。今回の東日本大震災では、私たちは生活情報を主に提供しましょうという方針を立てました。壁新聞に始まり、印刷できるようになってからも生活情報を主に報道してきたことになります。ですから、震災報道でもやはり全国、地方紙、ブロック紙、そして地域紙、それぞれの役割で成り立ってきてるのかなと。そう思うようになってから、本当に被災地の、被災した人たちの求める情報を提供することが私たちのいまの役割ではないかなと。そう決めてからはすごく没頭できるようになりましたね。生活情報というのは当時から比べると少しずつ少なくはなっていますが、こういう新しい制度ができましたとか、あと市役所では何をやりますという情報や、今度こういう支援団体ができますとか、いまも残っています。

――私も、レンタカーを借りて運転しながら取材していますが、そのときにつけた地域FMが、たとえば今度の日曜日にどこどこの小学校のグラウンドでこういう催しがあるなんていうのがあったりして、地域のための災害時の情報ってまさにそういうことなんだと思いました。それを丹念に被災地に向けてやっていくというそのローカル報道のプライドがやっぱり根底にあるのでしょうね。

武内　そうですね。私たち報道する側も被災しております。だから、何がいま必要なんだろう、何を知りたいんだろうと考えた場合、まずは家族の安否だろうと。私たちも被災者であり、被災した方々の気持ちが本当に手に取るようにわかった。それに基づいての報道は貫いていています。いまも、これからもまた、むしろこれからが私たちにとって地域紙としての正念場の報道になるのかなと思っています。多くの地域の仲間を亡くしましたけど、生かされた者として、本当に直後はそれこそ食べること、水を飲むこともままならない状況でしたから、まず命をつないでいくという作業から始まったもんですから、本当にこれから町として復興していくためには、やはり一歩一歩、被災した人たちと被災した地域の中に身を置いて、きちっと前を向いてやらなきゃいけない。だからやっぱり地域紙のプライド、プライドって言うよりも、被災した人たち、または地域の方々よりも、一歩でも半歩でも先を見た視点や希望を記事にして報道をやっていかなければならない。寄り添うことも大切ですが、一歩でも半歩でも先を見て何をしなくちゃいけないのか、これからますますそういう視点での報道が必要になってくるのかなと思います。

——もう一つ、地方紙の役目として私が思っているのは、たとえば国会なんか取材していてそこでは復興対策だとか議論していますが、本当に被災者の声とか、気持ちっていうのがなかなか伝わっていないと思うんですね。そこは石巻日日新聞や武内さんたち記者が地域の人たちとすごく近く接しているから知っているわけですよね。だからたとえば石巻日日新聞の社説でね、国に対してとか、国民に対して世界に対して、「こうなんだ」っていう、僕はそこへ向けて発信していくべきだと思うんですね。

武内　津波にやられてもはや原型をとどめない自分の家なんですが、そこにはいろんな思い、目に見えない思い出が詰まってると。家だけではない、本当に思い出の地がなくなっているんですから。ですから復興だ復興だと言いますけど、私たちはもうちょっと時間が欲しいという部分もあります。でも一方でそう言ってると今度は食えなくなってくると。そういう現実も目の当たりにしなければなりません。ですから震災から時間が経って、いつまでか分からないけれどその狭間で生活してるのが被災者の気持ちじゃないかな。そんな気がするんですね。まだ多くの被災者が、気持ちを整理整頓できないでいる状況が本当の気持ちではないかなと思います。

——急ぐだけが政策ではないですね。

武内　「国に対してもモノを言う」というところですが、よく被災前まで私が言ってたのは、「私たちローカル紙ってのは、天下国家を論ずる新聞ではない」と。この地域がどうなればいいのか、どうしなければならないのか、そういうことを一生懸命考えて提案していきましょうという意味で言っていました。ただ震災が起きてからは本当にこの石巻の自治体だけではどうしようもできない部分もあります。もちろん国の援助もなければ、これからもたぶん復興はできない状況があります。ですから私もコラムの中で、やはり国に対して私たちはこういう気持ちでいるんだと、あなたたち政治とはなんぞやと、しっかり考えてくれと、これも震災後、特に落ち着いてきた6月辺りから書いています。地域紙とはいえ、やはり被災者の声を代弁していくと。これからますます本格的に復興が始まる中で、これはモノ申していかなければならない覚悟のような気持ちが強くなってきていますね。

開設した資料館で、地元被災者たちの声を聞く

震災から1年半が経って、その武内氏は、石巻日日新聞が市内に開設した資料館・ニューゼの館長に就いた。資料館には、東日本大震災の当時の資料やもちろん壁新聞の現物も展示されているという。私は、新聞の現場の報道部長から、新たに館長という、震災の歴史の伝え手、語り部になった武内氏を訪ねた。2013年11月のことだ。

ニューゼは、海岸にも程近い商店街の一角。既存の2階建てのテナントビルの1階を借り上げてオープンしていた。ニューゼのドアを開けると武内氏が迎えてくれた。

「昨年11月にオープンして、きょうまで入館者は5000人になりました。おかげさまで大勢のみなさんが来てくださいます」

館内には、あの壁新聞はもちろん、石巻日日新聞が撮影した震災当時の数々の写真、津波以前の町の写真や歴史などが展示されていた。

——武内さんは今は館長で、毎日どんなお仕事を?

「新聞のほうは次の世代に任せました。ここでは、来場した方々一人ひとりにこの壁新聞

のことなどを説明しています。5000人のうち、半分が外からの方ですが、半分はこの石巻の方々です。県外からの人たちには、あの震災と津波がどうだったのかを説明します。でも、もっと大事というか私自身勉強になっているのは、被災した人たちや肉親などを失った地元の人たちと話すことですね」

武内氏は、編集長時代に必死に取材活動をし、ときには悲惨な事実を伝え、ときには希望の話題を取り上げ紙面を作ってきたのだが、そこで聞いた被災者の声が果たして真実だったのかを自問自答するようになってきたというのだった。

「ペンとカメラを持って仮設住宅なんかを回って市民の話を聞いてきたけど、果たしてそれが本音であり真実だったのかなあと疑問に思うようになりました。この資料館にフラッとお見えになる被災者の方と話していると、ゆっくり、世間話のように気持ちを話し始めるんですね。頑張ろうと思っていてもまだ何も手につかない。自分が情けないとかね。そういう本音は表では言えないんですよ。全国から支援をいただいていますからね。復興でもそうです。スピードをっていう感じになってきましたよね。でもそうやって追い立てられることで、逆に早く自立しろ、じゃあ自分は自立できるんだろうかと自身を追い込んでいってしまう人が多いんですよ。ここには、そうした被災者の人が一人で入ってきて、一緒に写真を見ながら本音をおっしゃるんですよ。私自身被災者の心を改めて思い知らされます」

ニューゼは、玄関を入ると左右に大きく二つのスペースに別れ、展示内容が区別されている。右側は壁新聞や震災発生当時の写真などが並び、左側は震災前の賑わっていたころの石巻市の写真や行事、祭事などの写真と町の歴史年表。そしてそこには、簡易なイスやテーブルなどもある。ちょっと座ってお茶でも飲んでいくような、地域の集会所のような雰囲気なのだ。実はそこにこそ、武内氏らスタッフが考えに考えたこの資料館のコンセプトがある。

「県外から来た方はすぐ右側にお通しするようにします。でも入ってすぐに左側に行かれる方は明らかに地元の人ですね。津波なんか思い出したくない、見たくないのは当然です。でも我々は地域紙。地域とともにある。地域の人たちのために何ができるかをいつも考えています。だからスペースを分けて、地域の人たちがいろんな思いを持ってここへ来られるようにしなければと思っています」

スタッフは入館してくる人を常に注意深く見る。もしも一人だけでやってきた明らかに地元の人だと分かった場合、武内氏が必ず傍に行って話しかける。

展示物を一緒に歩きながら眺め、少しずつ話を進めていくそうだ。

「どこから来たんですか」

「○○地区です」

「仮設住宅ですか」

「……」

そうやって次第に話をその人の生活へと移していく。そのうち、自立するにも仕事や資金的な問題を抱えているという話になれば、武内氏が自治体の相談窓口を紹介する。精神的に参っていると感じた場合は、新聞社のネットワークや人脈を使って診療施設などを紹介する。

「2年経って、私自身今回の3月11日をどんな気持ちで迎えるんだろうかとずっと考えていました。おとといがその日でした。その日一日、このニューゼにいてお客様と話をしていて実は『不安』でいっぱいになりました。時が経てば、1年目より2年目とだんだんいろんなものが薄まっていくのかと思ったら逆でしたね」

――不安というのは具体的にどういうことなのか？

「震災は私たちには衝撃でした。信じられない出来事でした。突然襲われて突然人生が変わってしまい、多くの命を失ったわけです。でも2年が経って、ようやくあの震災と津波が現実なんだ、いま目の前にしている造成されていない空き地が現実なんだと受け止められるようになったんですね。すると今度は、いまからどうなっていくんだろう復興できるんだろうかと、かえって不安が襲ってきたんです。2年経って、今度はそうした心の問題が始まる。復興を急げと言われてそれがプレッシャーや不安になるんですね。それが被災者たちの偽らざる本音なんです。本当の意味での復興っていうのはいまからなんです」

被災者の住居問題に立ちはだかる「縦割り」

武内氏は、「復興の優先順位の重要性」も口にした。スピード感も大切だが、そうした被災者の重い心の問題をしっかり捉えて、インフラでも何が必要かを考えながら順序を決めてゆっくりやっていくことが必要だと。

「被災者にとってはまず永遠に住める住居。次に仕事。新しいまちづくりのグランドデザインも必要だが、被災者が不安になっている住居や仕事が優先されるべきでしょう。そのあたりを国にも分かって欲しいですね」

震災から2年以上が経過し、現地を取材するたびに、被災地の自治体職員から必ず同じ話を聞く。それは、「法律」と「縦割り」と「権限」である。

「とにかく手続きに時間がかかるんです。一生懸命やっても一向に前に進めません」(宮城県内の市職員)

武内氏が指摘した、いま被災者のもっとも不安に思う住居問題。政府は高台移転を推奨し、自治体の職員が予定地の山林を買い上げるために走り回っているが、いったい誰が地権者で登記はどうなっているか、また地権者が津波で犠牲になっていたり、了解を取るために親族を訪ねようとしても転居して不明だったりするのだ。

「用地確保がまったく進んでいません。従来の法律にのっとって処理しようとすると必ず引っかかる。山林などは特に区画ごとにすべて事情が違う。すると我々は登記については法務省、また憲法解釈に絡む部分は法制局といった具合にいろいろ相談して、それだけでもあっという間に2～3カ月過ぎてしまうんです」(同)

そもそも被災地に対して、従来の法律で対応するところに無理があるのだ。これを解決するには、「ある程度まで調べたあとは、市町村が判断して決断できるという特例を整備してもらうしかない」(同) のだが、政府はここには手をつけていなかった。

「法律」以外にも、霞が関の「縦割り」の問題もあった。

宮城県では農家や自治体がみんなで知恵を出し合い、生産から加工までの一貫した耕作地・加工施設を提案したところ、窓口である農水省は「加工の部分は経産省の管轄になる。農水省単独では判断できない。交付金を出せるかどうかも判断できない」と計画を突き返されたという。

そこで今度は復興庁に持ち込んだのだが「農水と経産を双方呼んで調整する」といったん受理されたものの、3カ月以上も返答がないという。調整に手間取っているのだ。

「震災や復興対応のときに民主党政権だったことがいまも尾を引いている。予算や権限を渡したくなかった霞が関が主導していまの復興庁の仕組みができあがった。だから、復興庁は、法的には権限も予算も与えられていない単なる調整役。当然たらい回しで時間がかかる」（自民党幹部）

かつて、長く官邸で危機管理を担った石原信雄元官房副長官は、震災後、「復興庁でいちばん大事なのは権限と予算を与えること」と指摘した。「復興庁を現地に置く。次官クラスの官僚もそこに常駐させる。被災地から上がってきたものは必要と判断すれば即実行する。権限と予算を法的に持たせなければ前へ進まない。阪神大震災ではそれをやったのに」と今回の復興庁の制度設計の失敗を悔しがる。

安倍内閣は、これらの被災地の声に対し、政治主導で応えようとしている。

「土地手続きを簡素化」したり、「復興庁の事務方を現地に常駐させて、被災地から上がってくる陳情や復興計画案の実施にスピード感を持たせる」というものだ。安倍首相自らが指導力を発揮し、たとえば省庁同士が縄張り争いでもたついているときには「前例や法律を覆してやれ！　オレが責任を持つ」という姿勢だ。

大いに評価できる。

しかし、あえて苦言を呈するなら、やはり根本解決のためにはそれだけではだめだ。

「復興は、過去阪神大震災や中越地震など先例地をみても分かるように、10年20年というスパンです。安倍政権が20年も続きますか？　確かにいま政治主導でやってくれるのはありがたい。しかしそれは一時的なもの。次の政権や政治家がリーダーシップを発揮できなければまた止まる。根本的な解決は、復興庁の制度をもう一度見直し、法改正して、権限と予算を与えることじゃないでしょうか」（宮城県職員）

法改正は関連法も多く「1～2年かかる」（前出自民党幹部）とされるが、この先長く続いていく復興を考えれば、誰が政権に就いてもいいように、支持率も高く強い権限も持つ安倍内閣だからこそどんな省庁の抵抗や難問があってもできるはずだ。いまの早い段階で法的整備をすべきではないか。

ジャーナリスト、そして歴史の証言者でもある武内氏は、こう締めくくった。

「やっとあの震災から余裕をもっていろんなことを考えられるようになりましたね。それは『私たち人間はちゃんと地に足をついて生きていますか』という問いかけじゃないかと。そういう風に思えてならないんですね。東日本大震災で私たちは全部奪われてしまった。本当に食べ物を食うことから考えなければならなかった。便利というエスカレーターの上に、ただ乗って毎日を過ごしていただけだったんですね。もう一回立ち止まって、生きるとは、生活するとはと。本当にそこまで考えさせられました。今回のテーマは『命』です。目の前にそういう亡くなられた方、目の前で流されていく姿を見た人がいっぱいいます。そしてそこに助かった自分がいる。そして残った命をどうつないでいくか、もう一回『本当に生きる』そして生活するというのはどういうことなのか考えさせられた。私たちは、望んで被災したわけではありません。でも時間が経つにつれて注意しなければならないのは、やはりもしかしたらこのまま『もらえる文化』、『やってもらえる文化』がこの地に根ざしてしまったら、将来考えるとどうなるんだろうと。ですから支援は受けないとこれからもたぶん復興はできないと思いますが、一方で私たちもそろそろ自分の足で立ち上がる時期にはきていると思います。ですからそれを地域のみなさん、被災したみなさんには常に問いかけながら、そして外のほうにも、国会や政府のほうにもモノ申したい。それが地域紙として自分の足で歩くということなんだと思います」

（2011年9月、2012年3月、2013年3月ほか・宮城県石巻市にて）

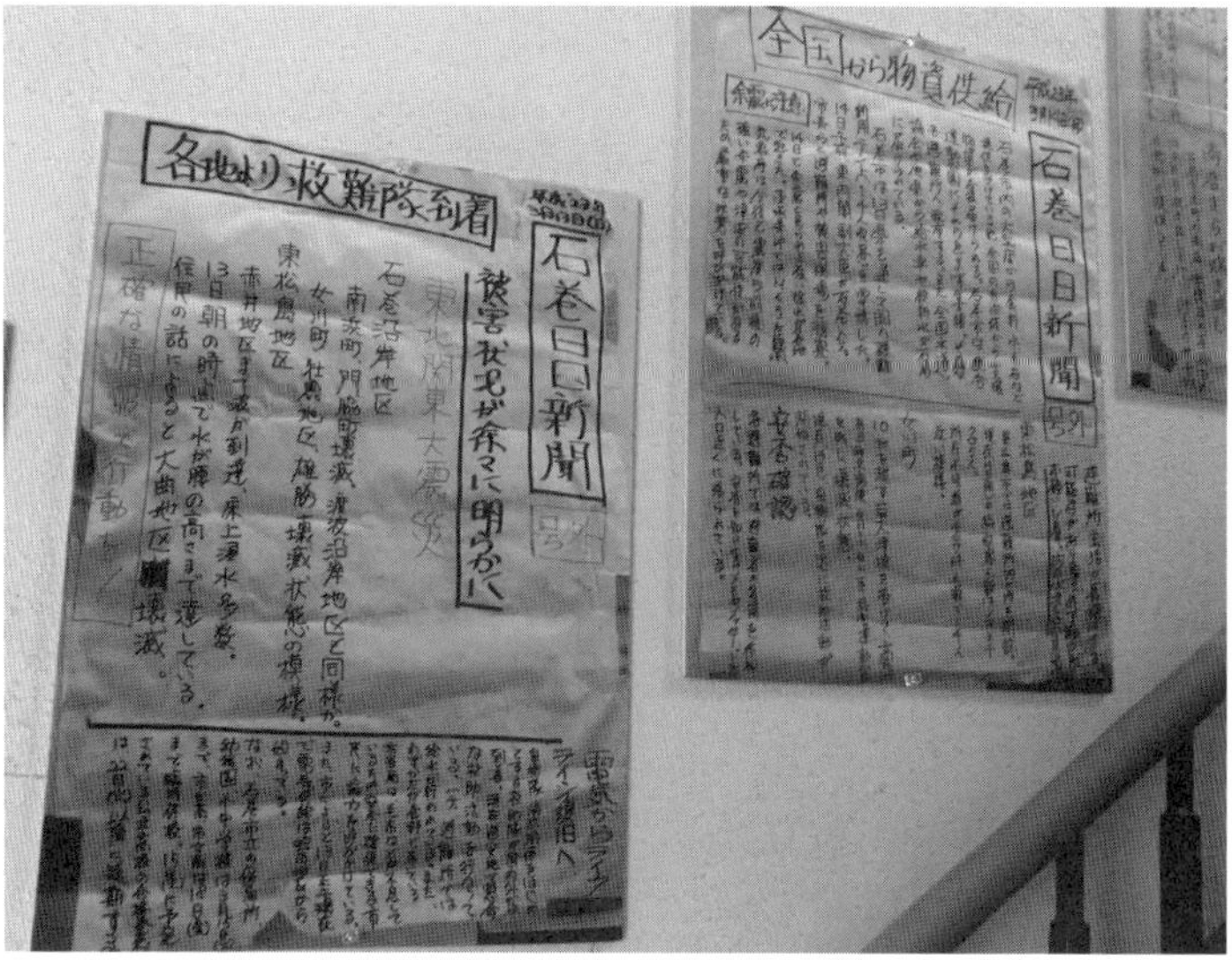

震災翌日の３月12日から17日まで発行した壁新聞。

Column 03

特別でもなく、経験もない
デモに参加する市井の人々

3月に入ったとはいえ、夕方になるとまだまだ足元から冷気が染み入む。東京・永田町の首相官邸前。2012年から毎週金曜日の午後6時に行われている反原発デモは1年経った2013年のいまも続いている。

このデモの最大の特徴は、従来のような政党組織、団体、組合などではなく、市井の人たち。総選挙前には数万人にまで膨れたが、自民党政権が誕生し内閣支持率も高いいいま、デモの参加者数も最盛期に比べて減少した。

それでも、列の中には、お年寄りや小学生ほどの子供の手を引いた若い母親の姿もある。ある老夫婦の手には「孫の命を守りたい」と手書きの画用紙が握られていた。

この夫婦は神奈川県で年金暮らし。福島に知人がいることや、内部被ばくのことを報道で知り、孫のためにと集会に参加するようになった。

「数がずいぶん減ったけど熱心ですね」との私の問いかけに対し、夫が答える。

「人数は変わっていないんじゃないですかね」

どうみてもこの日官邸前には200人いるかどうか。

「みんなで話して、冬から当番制にしたんです。集まってきた人の多くが素人でしたが、毎週顔を合わせるうちに仲良くなってお弁当を交代で作ってきたり。そのうち寒くなったでしょ。年寄りは体にこたえますね。で、この運動も長くなるから隔週とか1カ月交替とか交替制で参加しようと。今週と来週は私たちの当番なんです」

決して強制ではない。一般市民が自然発生的にコミュニティを形成し効率的に官邸前集会を支えている。

同じ日に参加していたある野党幹部が「安倍さんがここまで期待を集めると反原発の旗も効き目がなくなってきた。デモの数も減ったし」と感想を語っていたが的外れもいいとこ。反原発の世論は沈静化しているように見えて底辺で強固にずっと一定数が続いているのだ。

研究者たちが指摘する被ばくの危険性

自民党への政権交代となった総選挙が終わった直後の年明け。私のもとに1冊の本が送られてきた。一見、大学の教科書のようなぶ厚さ。タイトルも「原発問題の争点」（緑風出版）と固い。ところが、開いてみると内容はショッキングなものだった。

《福島原発事故がいかに多くの胎児・子どもや老人を内部被ばくによって傷つけたか。もはや殺人》

実はこの本は、過激なライターや活動家が書いたものではない。大阪大学などを退職した大和田幸嗣氏、橋下真佐男氏、山田耕作氏、渡辺悦司氏の極めて純粋な元研究者たちが書き綴り、共感してくれた出版社から出したものだった。4人はがん・分子細胞生物学、物理化学などが専門。それぞれの研究で福島の事故の隠された人体被害などを論じ、「原発との共存はあり得ない」とはっきり結論付けていた。特筆すべきなのは、内容もさることながら、むしろ元研究者たちが退職したあと、研究者として果たしてこのままでいいのかと自らに問いかけ、告発の意を決したその想いだ。

「物理学者の責任は重いと思う。(安全性など)疑問を黙殺したり、安全性を保証してきた。結局政府、電力会社に協力して原発を推進し、自らは研究費を獲得し、社会的特権を維持してきた。学術会議は陳謝しているが全原発の即時停止を求めていない。これでは責任を取ったことにならない」(山田氏)

たとえば本書では、福島県の子供たちの内部被ばくについて書かれている。

海外のNGOが独自に行った調査では、福島市の子供も10人全員の尿にセシウムが検出され、さらに千葉県柏市と船橋市、埼玉県川口市の子供にもセシウムが検出されたという。すでに現時点で「未検査の子供に汚染が広がっていることは容易に想像できる」（大和田氏）のである。

母乳からもセシウムが検出されているほか、福島の母親からは「事故後に子供に紫斑が出たり、下痢の症状が続く」といった相談が被ばく専門医師に相次いでいるという。この医師は「下痢、次いで口内炎、鼻血、紫斑というのはあのヒロシマ・ナガサキの被爆者と同じ順序」だとして「被ばくの初期症状に間違いない」と断言している。さらに、チェルノブイリでは事故後5〜10年後に手足の多指症など先天性障害児の発生率が6・7倍になり、ロシア研究者たちが「福島は、今後、脳や神経系面での影響が出る」と断言していることも紹介。

大和田氏が話す。

「3・11がなければ晴耕雨読をしようと思っていました（苦笑）。でも学者の良心があるじゃないかと。原発事故では隠ぺいや推進派のウソのキャンペーンが多すぎます」

いま世界的に見ても、公衆衛生上原発が必要という判断のWHO（世界保健機関）が推進派を総動員し『福島はもう片付いた』と広めている。

「本当に起きていることを知ってはじめて、その後原発をどうするのかという議論に入れるんじゃないか。事実を知らせるために何でもやる覚悟です」（同氏）

果たして政治はどう判断するか。安倍首相は先の施政方針演説で「再稼働」を明言。ただしそれは「安全が確認されれば」という条件付きだ。しかし、安全とは何なのか。

まずは、事故後に組織改編された原子力規制委員会が限りなく第三者の立場で安全性の可否を判断するのだが……。

「推進派や反対派などのせめぎ合いで、結局規制委の制度設計と法律が複雑なままでき上がってしまった。環境省の外局という位置付けだが、再稼働の決定権が環境大臣にあるわけじゃない。あくまでも決定は事業者。じゃあ電力会社がやりますと言ったって簡単には受け入れられない。そこで事業者は官邸や与党に働きかけ、最後は総理に政治決断してもらおうと。露骨に安倍詣できないから自民党の原発推進派や総理側近に接触している。殺し文句は『再稼働させなければ電気料金がどんどん上がる。廃炉にするには莫大なコストがかかりそれは政府の支出ですよ』だ」（自民党政調幹部）

一方、経済産業省では規制委にタッチできないため、推進官僚たちは表だって手の打ちようないというが、着実に安倍首相が再稼働を決断できるように徐々に外堀の環境整備に乗り出しつつある。それがエネルギー基本計画だ。

「規制委は原発が安全かどうか評価するが、一方で国のエネルギー基本計画は経産省が担当で原発の必要性や割合などをまとめる。今月に入って有識者会議のメンバーが発表されたが、脱原発派は今回15人のうちのたった2人だけに削られた。今後計画では一定の原発の必要性を打ち出す布石じゃないか。そして、『規制委はノー』でも『エネ計画では共存』という考え方を示す。つまり両論併記の形を整えて、安倍首相が再

稼働を決断し易い落としどころを作ろうという狙いだ」（自民党ベテラン議員）

肝心の安倍首相。官邸の首相側近は「財界から総理に早く再稼働をというプレッシャーもあるがそう簡単にはいかない。規制委を見ながら実際動きだすのは２０１３年の参院選後」と話した。

ただ、隠された事実はないのか、議論がもっと尽くされるべきではないか――。市井の人たち、素朴な勇気ある研究者たちの声もまた、安倍首相の決断の最も重要な材料にすべきであろう。

（初出『サンデー毎日』２０１３年3月8日号を改稿）

無視していい。前例がなくてもいい

東日本大震災

小《お》野《の》寺《でら》五《いつ》典《のり》 元防衛大臣

小《お》野《の》寺《でら》五《いつ》典《のり》

1960年、宮城県気仙沼市生まれ。気仙沼高校を卒業後、東京水産大、東大大学院を経て宮城県職員に。その後、国政を目指して松下政経塾を経て大学で教鞭をとりながらチャンスをうかがい、1997年に自民党から衆議院議員初当選。2012年第二次安倍内閣では防衛大臣に就任。東日本大震災発生当時は野党だったが、自らの実家も被害に遭う中で、「復興とは何か」を模索している。

たった一人の自民党議員が決意したとき

背後から激しい野次が飛んだ。

「それは県議会議員の仕事だろ！」

2012年2月。衆議院予算委員会で質問に立っていた自民党の小野寺五典（51歳）に対して、民主党議員席から浴びせられたものだった。

小野寺は振り返って野次の飛んだ民主党議員がまとまって座っている席を睨みつけた。

《ふざけんなよ。だいたいお前たちが何もできてないから、こんな質問をしなきゃいけないんだろうが！》

怒鳴り返したい思いをぐっと飲み込んだ。

小野寺は、東日本大震災の被災地3県（宮城・岩手・福島）の中で、2009年の衆院選（民主が圧勝・政権交代を果たした）を小選挙区で勝ち残った、たったひとりの自民党議員である。

この日の質問は、震災から1年が経過したにもかかわらず、破壊された建物の瓦礫除去がまったく進んでいないのは、国の縦割り行政が原因ではないのかと、野田政権に質すものだった。

「壊れた家を除去する。国は上モノ（地上の建物）の除去は国のお金でやるという。ところが、上モノを片付けたらそこで作業がストップした。どうしたのかと聞いたら、土台は下水道の関係なので市町村がやるという。そこでまた1カ月作業がストップする。この有事にどうして、従来の縦割りを越えろと政治で決められないのか。『オレが責任取るから従来の制度や法律は無視してやれ』というのが政治主導じゃないですか！」

先の野次が飛んだのはそのときだった。

小野寺はこのとき、自分の政治姿勢を転換する決意をしたと語る。

「民主党政権の下ではもう復興はできないことが分かりました。今後は（政権から）下りてもらうしかないと、私ははっきり言っていこうと思いました」

試される政治家の『器』

小野寺には被災からの1年間、心に決めてきたことがあった。

「自民党は野党だから、本来は、政府や与党を叩いて政権交代を目指すもの。でも、震災に関しては、それはやってはいけないと思っていた。被災者や被災地のことを考えれば与党も野党もない。だから、むしろ自分の活動で実現できるものは、たとえ与党の手柄になってもどんどん提案していこうと。野党議員として、いわば『我慢』の1年間にしようと思った」

完全に壊れたまちや多くの人が最愛の家族を失い呆然としている姿を見て、最初は政治家としての己の無力さを実感した。そこで、小野寺がはじめたのは、まずは徹底して被災者の声を最後まできちんと聞いてみようということだった。「自分にできることは所詮そんなことしかない」という無念さもなくはなかった。

だが、そうやって細かく被災地を回って対話して行くと、被害の種類や深さは、被災地の数、被災者の数だけあった。住宅、商売、補償、進学、まちづくり、農業、漁業、原発、企業誘致、国とのパイプ、災害対策……。

そして、これらをあえて政治テーマとして言い換えるならば、財政、厚生労働、国土交通、農林水産、経済産業、文部科学、環境、地方自治のあり方……。すべての政治テーマがこの被災地に凝縮されていたのである。

東日本大震災は、すべての政治家に資質を迫ったのではないかと、私は考えている。政治家としての評価の基準は、単なる救済策を打ち出したとか復興策を考えついたといった単純で断片的なものではない。そこには、胆力、行動力といった政治家としての基本行動はもちろん、前述したあらゆるテーマの根本がそこにちりばめられている。今回の震災や復興とどう向き合い、何をしてきたのか、個々の政治家や政党を検証することで、彼らの

『器』を測ることができるのではないか。

小野寺も例外なくそれを試されてきた。

彼の、これまでの政治家としての評価は必ずしもいいものばかりではない。「小野寺は学級委員長タイプ。勉強もできるし先生の言うこともよく聞くし褒められるが、個性がなく、ひ弱な感じがする」と指摘するベテラン議員もいた。2009年の自民党総裁選では、改革派の若手に推され出馬への動きを見せたが、最後は党内の長老に圧力をかけられ辞退。若手から「日和った」と失望の声が上がった。初当選後の2000年には、線香セットを選挙区内の有権者に配り、公選法違反で書類送検され議員辞職。同期組とは当選回数が一つ少ない。「違反になることも知らなかったのは脇が甘すぎる」(当時の派閥領袖)と陰口をたたかれたこともある。だが、誤解を恐れずに言うなら、今回の震災は、彼に政治家として腹を括らせたのではないかと私は思う。

「官僚主導や縦割り行政などを作って来たのは元々自民党。だから私は民主党に政権を奪われ、自民党が野党になったのは反省し出直すいい機会だと捉えてきました。でもその民主党があまりにも酷いということが震災対応ではっきりしました。我慢の1年が過ぎましたから。倒閣? それも辞さず、です」

被災地と向き合いながら感じ続けた葛藤や、一つずつ実現していった政策。被災地で発揮した発想力や交渉力。小野寺を取材する限り、彼は未来のリーダーの資質を備えたひとりではないかと言ってもいいかもしれない。

あの日の官邸の麻痺を振り返る

2011年3月11日午後2時46分。

小野寺はそのころ東京・銀座にいた。午後4時過ぎの東北新幹線で選挙区の気仙沼市に帰るところだった。銀座には、母親の好きな菓子の店がある。東京駅に行く前に、手土産を買おうと立ち寄っていた時、突然激しい横揺れが襲った。店内には悲鳴が飛び交い、客も店員たちも慌ててその場にへたり込んだ。

急いで車に戻った小野寺は携帯電話に入ってきた地震情報やカーラジオで宮城県沖が震源と知り、慌てて携帯で母親に電話を入れた。

「大丈夫?」

「こっちは大丈夫。すごい揺れだったよ」

小野寺の実家は、気仙沼市の港に近い場所で旅館を営んでいる。建物は3階建て。

小野寺は、帰郷を諦め、その場で永田町の党本部に戻ろうとしたが道路は大渋滞。鉄道もすべてが止まり首都圏中がパニックに陥っていた。もはや携帯電話も通じなくなってしまっていた。ところが、自分の携帯画面に目をやると、ヤマほど留守電マークが記されている。気仙沼市長や旧知の南三陸町長（宮城県）からだった。

「信じられない。大変なことになっています。すべて流された。救援が欲しい」

「避難している。市役所の屋上にいて、眼下には津波が押し寄せている」

やっとの思いで党本部に到着し、テレビを見て驚愕した。ヘリコプターから生中継している被災地の映像は、町中から火の手が上がっている。そのほかは真っ暗闇。すべてが停電している。凄まじい津波に、どこまで何が流されているのか状況把握さえできていない。自民党本部に設置された対策本部の部屋に詰めながら、小野寺は有線電話も使って気仙沼市役所などに連絡を取りまくった。すると次第に状況が分かってきた。

巨大な津波で市街地全体が襲われた。生存者もなにも把握できない。かろうじて逃げた市民だけが、市役所の屋上や高台に駆け上がり助かった。着の身着のまま市役所や体育館に避難している。市内はすべて停電。毛布もない。食料もない、寒い——。

「政権側・与党側にいたら、すぐにヘリに乗って現地に入るのに。どうなっているのかまったく把握できない。何をしていいのかも分からないという焦りと無力感ばかりでした」

このときはじめて野党である悔しさがこみ上げたが、思い直すのだった。

官邸には、官房副長官（当時）で民主党参議院議員の福山哲郎がいる。小野寺と福山とは松下政経塾の同窓で近しい関係にあった。

さっそく小野寺は官邸の福山に電話を入れる。少しでも現地の情報を入れつつ、政府に動いて欲しかったからだ。だが、返ってきた福山の言葉は小野寺を驚愕させた。

「官邸は何も分からない。現地と連絡も取れない。何度やってもダメなんだ。原発も危ないみたいだ。とにかく混乱している」

官邸機能は完全にマヒしていたのである。

後日談だが、1週間ほど経って小野寺は、高速道路の緊急車両規制を解除し、民間であっても物資輸送トラックや石油を積んだタンクローリーをどんどん通すべきだという被災地の要望を官邸に届けた。福山に直談判に行ったのだ。ところが……。

「宮城はどうだこうだと説明している最中なのに、5分おきに福山さんが菅さんに呼びつけられるんですよ。席をはずしてまた『ごめんごめん』と戻ってくる。またちょっとすると菅さんが呼びつける。ろくに話もできない。菅さんが興奮してコントロールできなくなっていたのは明らかだった。福山さんは疲労困憊で頭を抱えていましたね」

当時の菅直人首相の官邸での危機管理対応の失態は、民間の原発事故調査報告書などでも指摘されているが、実際、「慌て、怒鳴り、大混乱の原因だった」（当時の官邸スタッフ）

のだ。

「とにかく官邸に司令塔がいない。みんなが右に行けば右に。ひとつのボールにみんながワーっと集まる素人のサッカーと同じですよ。それぞれポジションを決めてチームで戦う――そんな当たり前のことがこの政権はできていないことがはっきり分かりました」

震災発生翌日の気仙沼

震災発生初日はあっという間に夜が明けた。

早朝、小野寺は同じ宮城の比例議員の秋葉賢也らと3人で、自家用車で東京を出発する。

「何が起きているか分からないなら、すぐに現場に入るのが政治家でしょう。首相や閣僚なら別です。その任にない地元の政治家は歩いてでも入るべきです。でも、民主党の地元議員が現地に入ったのは公共交通機関が復旧した5日も6日も後だった。その一人に聞いたら、『党本部から被災地に入ると迷惑だから指示を待てと言われた』と言ってた。呆れましたよ。現地に真っ先に入り、対策本部を作るとか、いろいろと手を打つべきなのに」

当時は規制も敷かれていなかった高速道路を150キロの猛スピードで突っ走り、仙台へ。そこから宮城県庁に立ち寄ると、そのまま気仙沼市へと車を走らせた。

自分の実家に近づくにつれ、恐ろしい光景が広がってきた。何台もの車が道路にハラを背にしてひっくり返っている。まちは水浸しだ。車を捨て歩いた。実家の旅館と思われる場所には倒壊家屋や船の残骸などが積みあがり、不気味なほどに静まり返っていた。ところどころに遺体がある。瓦礫の下敷きで足だけが見えるのもある。生きている人間の気配はまったくない。小野寺は怖くなった。

「おーい。誰かいますかぁ」

これまでにない大声でそう何度も叫んだ。そうしなければ足がすくむからだった。

昨日以来連絡の取れていない母親ももしかすると——。その思いも恐怖心を増幅させた。

日が沈みかけたころ、小野寺は実家を探すのを諦め、役所に向かった。市庁舎に入ると停電で真っ暗。深々とした冷気と静けさ。廊下を歩いていくと、奥の部屋からうっすらと明かりが見えた。その部屋に入ったとたん異様な空気に驚いた。大勢の避難してきた人たちがいるのに、シーンと静まり返っている。彼らの顔は泥だらけのまま。ろうそくの明かりの周囲に体を寄せ合って集まり、床にへたり込んでいる。声をかけてもいいのかどうか。

しかし、肩に手をかけて回った。

「大丈夫ですか」

その中のひとりが顔見知りだった。彼は黙って、部屋の奥のほうを指差す。

なんとそこには、ダンボール紙の上にうずくまって横たわっていた母がいた。

「お母さん。生きてた！」

「よく来れたねえ！　私は大丈夫だから」

実家の旅館は3階建てのうち2階部分までが津波に流されたという。宿泊していた10人ほどの客の安否も分からなかったが、彼らも後にすべて避難所で確認されたのだった。

被災地と国会との行き来の1年

この日から小野寺の被災地一本の政治活動が始まった。それから1年、彼のスケジュールは、被災地と国会で埋め尽くされた。

国会開会中は、1週間のうち、4日間は東京、3日間は被災地。ただ、1日でも国会日程が空くと、始発の新幹線に乗り込んで気仙沼市へ。午前9時半に到着後、仮設住宅を訪ねての聴き取り調査と瓦礫処理が遅れている地域の視察。昼食は、必ず被災した商店街を訪ねて商店主らと懇談しながらとる。午後には気仙沼市役所に足を運び、被災地が要望している交付金事業の進め方など政府への対応を協議。そこから農家などを回った後、夕刻には仙台市にある宮城県庁に顔を出し、地域の要望などをまとめる。そして最終新幹線に乗って上京。地元自治体の要望などはその日のうちに持ち帰り、翌朝いちばんで霞が関の省庁に提出。「まとまって戻ったときには旅館の3階の仏間に母と二人で寝ます。旅館は修復もままならぬ状態」だという。1年間、ずっとこれを繰り返してきた。

国会答弁では、平野達男（復興担当相）や細野豪志（環境相）ら閣僚が「現地に何度も入った」などとしたり顔をしているが、そんなものはたかが知れている。そもそも野田首相自身、「震災からの復興と原発対応が最重要課題」などと公言しているが、支援のカギとなる復興庁すら現地に置けないような状況で、どれだけ被災地で暮らす人たちの思いが分かるというのか。

「被災地にベタ張りする政治活動の中、見えてきたのは、民主党政権の決定的な問題点だった」と小野寺は語る。

それは、政治が決断しない、政治が責任を取らない、つまるところ民主党の政治主導が完全に潰えてしまったということだった。

「自分が被災地で活動してきて、いまいちばん感じているのが、『政治主導』を最大の売りにしていた民主党が大ウソつきだったことです」

小野寺は、被災地の復興において、長くこの日本を支配してきた法律や制度、官僚政治、総じて言えば、「この国の仕組み」という壁に嫌というほど直面してきたのだという。そして、この壁を突き破る政治主導がまったく効いていない現実を痛感したのだ。

その事例は枚挙にいとまがない。

たとえばこんなことがあった。

気仙沼市で家を流された住民たちが新しいまちづくりに踏み出そうとしていた。小野寺も、住民や市役所から相談を持ちかけられ、彼らの中に入ってさまざまなプランを一緒に検討した。

当時、政府は、今後の津波被害に備えて、新しい町を高台に移転する計画を推奨しており、国の助成対象でもあった。ところが、これには落とし穴があった。

「被災地域にもよりますが、気仙沼の場合、高台に移転するには新たに造成して住宅を建設するまで5年もかかることが分かったんです。そこで出たのが、高層住宅案でした。耐震技術もあるし、津波を想定して低層階は住居にせずに商店などを入れたらどうかと。7～8階建ての建物で、1～2階は商店、3階以上にお年寄りなどが住む――。これなら、元の土地にそのままいられるし、再び商売も始められる。いい案だと思いました」

ところが住宅建設は、国から交付金を受けようとしたところ「待った」がかかった。

「国土交通省に相談したら、『これじゃあ金は出せない』と即座に却下されたんです」

理由を聞いて呆れた。「高層住宅は考え方としてあってもいいが、低層階に商店を入れた段階で、もはや純粋な住宅という概念ではなくなる。商売なら経済産業省の管轄。これでは住宅の交付金は出せない」という理屈だ。

小野寺は国交省に押しかけ激怒した。

「高台に移るのに5年かかるんだぞ。それまで仮の住まいを転々としろというのか！　みんなで高層住宅という知恵を絞ったんだ。同時に商売もやって、もう一度奮起して生計を立てたいと。それを、従来の制度や決まりでしか判断せずに、縦割り行政で却下する。こんなバカなことがあるかっ。何が復興かっ」

小野寺は住民の先頭に立って、国交省に詰め寄った。結局最後は、「津波の恐れのある低層階は吹き抜けの空間にする。あくまでも吹き抜け。よって商売をする人は、そこに商店を正式に構えてはいけない。あくまでも一時的な露店のような形なら認める」ということで折り合いがついた。こんな玉虫色の決着に、ゆうに2カ月以上もかかった。こうやって復興が遅れているのが実態なのである。

民主党政権が、「やっている」フリをしている復興政策のひとつに、復興交付金制度がある。これは、被災地が復興を目指し自ら考案した事業に対して、自由に使える「交付金」として創設された制度だ。国民の税金だが、被災地が自ら復興資金の使い道を決められるという、きわめて納得できる仕組みだった。

ところが、ここにも国による査定という、従来からの壁が厳然と存在するのだった。

「新設された復興庁が被災地の自治体から上がってきた事業を細かく査定する仕組みになっているのですが、政府は、5つの省庁（国交省、厚労省、文科省、農水省、環境省）に40の事業という枠をはめてしまったんです。被災地の言うとおりにカネを出すわけにはいかないということです。『自由に使える交付金』と謳っておきながら、結局この仕組みが足かせになって、この事業はここがダメ、あそこがダメと跳ね返され、被災地の自治体はことごとく怒っています」

たとえばこんな具合だ。

ある日、被災地活動で名を知られるようになった小野寺のもとに、選挙区外の福島県から相談が入った。原発被害が続く新白河で、民間のシンクタンクや商社が中心になって、野菜工場を作ろうというプランが浮上し、自治体とともに復興交付金に申請する。風評被害の中、福島県の農業は大きな打撃を受けている。そこで、放射能をガードする、屋根つきの野菜栽培施設を作り、加工まで行おうというアイデアだ。放射能の恐怖が去るまで、農家の人々が野菜を作り続けるという希望の光だった。

正式な申請の前に、このプランが農業関連事業であることから、復興交付金の5つの担当省庁のうち農水省に相談した。ところが、これも直ちに却下されてしまった。その理由がこれまた呆れるものだった。国交省の担当者いわく、「工場の部分がついていると、それは経済産業省の管轄になる」からである。

つまり、経産省は、今回復興交付金の対象の5省庁には入っていないというのが理由だ。

「じゃあ、どうすれば交付金をもらえるのか」

地元の自治体側の問いかけに対し、当の国交省担当者はこんな答えを寄こした。

「さあねえ。加工の部分をなくすとかね。とにかくこのままでは認められないね」

結局、このプランは頓挫したまま時間だけが経過した。

「福島は私の選挙区じゃないが、もはや民主党の議員に言ってもしょうがないということでしょう。一事が万事です。役所の査定が入ることで、すべてが一旦止まる。地元の自治体が復興庁に持って行っても、そこは権限がなく、結局5つの省庁にたらい回しされて、突き返され、また地元に戻って修正して、もう一度持って行く……。その間に、2カ月や3カ月が経ち、自治体の職員がそのことにかかりっきりになる。当然、他の復興の仕事はできない。そんな事例がヤマほどあるんです」

そもそもこの有事に対し、復興庁は現地に本部を置き、予算の権限を持ち、従来の法律や制度を越えてでも、特例として地元自治体の復興事業を認めるべきではないか。

民主党政権も、最初はそう主張していたが、次第に野田首相の答弁が後退しはじめ、ついには「(復興庁に)権限はない」との方針を明言。平野復興担当相も、「財源には限りがある」として「審査は厳しめにやる」と言い放った。

被災地は「無限にカネを寄こせ」と主張しているわけではない。本当に必要な分野に資金を充てたいと考えている。「自分たちで配分を決めたい」という自治体側の論理を「財源には限りがある」という論理にすり替える政府の裏側には、予算配分権の委譲を頑なに忌み嫌う財務省の意向が見え隠れしていると小野寺は言う。

2012年3月、第一回目の事業承認された復興交付金の事業は、各自治体が手直しを重ねた上で総額約3899億円を要望したが、このうち認められたのは約2509億円の事業分のみ。4割も査定ではねられたのだった。

2006年に起きた新潟中越地震では、復興交付金という政府の予算ではなく、基金という形で、新たに創設された財団が運営している。このため、資金の支出に自由度が増し、住民の意志に沿った復興が進んだと言われている。ところが今回はなぜ……。

「今回も『基金形式がいい、自由度が高い』と自民党は主張しましたが、叶いませんでした。予算と権限を握り続けたい財務省が裏で抵抗したからです。財務省の言いなりの野田首相や平野大臣が『財源が厳しい』と言いくるめられ、交付金制度を認めてしまった。民主党政権が完全な官僚主導だという何よりの証明です」

そして小野寺は断言する。

「官僚主導の復活です。民主党は政治主導だのはずだが、政権に就いて、しかもこんな大災害が起きたらいよいよ官僚を敵に回しては何もできないことが分かって、今度は、ただただ政権を維持するためには官僚と仲良くやっていこうということだ。だからケンカもせず言うがまま。こんな形で復興がどんどん遅れているという真相をこれからも徹底してアピールしていきたい」

小野寺は、被災地の自治体や住民たちと個人的に省庁や野田政権と対峙してきたことで政治に最も必要なことを学んだのではないか。

「官僚が制度に縛られるのは当たり前。しかし、それを越えて決断するのが政治の役目なんです。ここは、無視していい、前例がなくてもいい、いま必要ならこれをやれと。そして当然そこには責任が発生します。だから政治家が、『オレが責任を取るからやれ』と言えるかどうかなんです。震災だけの話じゃありません。外交も安全保障も内政もすべてです。政治家に必要なものはそこだと。政治家の原点は責任を取るということなんですよ。それが政治主導なんです。首相はもちろん担当大臣も、そして政権与党もそれを言えない。だから、もう代わってもらうしかない」

次世代のリーダーの資質とは

敵である民主党に対して厳しく向けた矛先。しかしそれは、自らの自民党自身にも向いた。「震災からまだ3〜4カ月しか過ぎていない、被災者救済が何よりも必要とされたとき、当時の谷垣（自民党）執行部は『菅さんをどう追い込むか』という政局一色だった。私はおかしいだろうと執行部に何度も言ったし、いろんなところで主張しました。いま政治がやるべきことは震災しかないはずだ。でも、執行部の関心は、正直に言えば昨年の秋ぐらいまでは、ずっと政局中心でした。あのときにやっておけばというものもたくさんある。（自民執行部の）責任も大きい」

私は小野寺と知り合って5年近く経っていたが、今回の被災地での活動を聞く中で、「ふざけるな」などという過激な表現を聞いたのは初めてだ。「権限をくれ」「政権をよこせ」……。どれもどちらかというとそれまで弱点と揶揄されていた優等生イメージを覆す言葉だ。

それは、小野寺が、誰よりも震災と向き合い、自分の背中に市井の一人ひとりを背負っているという自負から生まれた「政治家としての強さ」と言えるのではないだろうか。

2012年の4月10日には、自民党の全国都道府県連政調会長会議が仙台市で開かれた。なかなか進まない瓦礫処理を自民党が牽引役になって各地で引き受けようという確認が行われたこの会合を、執行部に直談判し、東京の本部ではなく仙台開催に持って行ったのが小野寺だった。彼にしてみれば、政局にかまけていた執行部を被災地に引き戻してやるという、まさに「リベンジ」だったのである。

党改革についても小野寺は言う。

「これまでの自民党を作ってこられた（ベテランの）方々は、もう自分が表に出るんじゃなくて、若手を後方から支援する役目に徹してほしい。最近では委員会などでは中堅若手にもチャンスが回ってくるけど、まだまだ表に出たい人たちがいる。若手へ切り替えて自民党を新しいチームにすべきだと私は主張していきます」

かつて総裁選に名乗りをあげながら、長老たちに押しつぶされた小野寺が、再び旧弊と戦おうという姿勢を見せ始めているのだ。

被災地はいまも政治家を試し続けている。どう向き合うかで次世代のリーダーの資質が鍛えられていく。小野寺は、その被災地のど真ん中にいる。

（2012年4月・東京、宮城にて）

現地で即断即決できる態勢を！

阪神淡路大震災

石原信雄《いしはらのぶお》　元官房副長官

石原信雄《いしはらのぶお》

1926年群馬県生まれ。1952年東京大学法学部を卒業後地方自治庁（現総務省）に入庁。1984年に自治省ナンバーワンの事務次官に1987年の竹下登内閣で官房副長官に登用されて以来1995年の村山富市内閣に至るまで、7人の首相のもとで官房副長官を務めた。95年に起きた阪神淡路大震災当時、震災復旧対応に尽力。

阪神淡路大震災の経験に基づいて

――東日本大震災が起きたのが3月11日。そのあと3月25日に菅首相に会われましたね。石原さんのような経験者をもっと早く呼んでアドバイスを受けるべきだったと思いますが。

石原　菅総理から電話がかかってきましてね。いろいろ阪神淡路大震災のときの話を聞きたいということでした。その経験に基づいてこれからどうしていけばいいか話を聞きたいということだったんです。

――実は阪神淡路大震災は、私も現地で取材していましたが、政府の初動にはずいぶん批判がありました。村山富市首相が危機管理に未熟だったことや、自らの政治信条から自衛隊の派遣に躊躇したことなどいろいろありました。それが被害を大きくしたと。

石原　あの時は、初動体制は非常に遅れたんですよ。まず、なかなか現地からの情報が入ってこなかったんですね。地震が朝5時46分だったということも大きかったと思います。まだ世の中が朝早くて動いていないし。ほとんどの人は寝てますよね。正確な情報がなかなか入ってこなかった。（初動が遅れたことについては）私もずいぶんつらい立場に立たされました。批判も相当ありましたが、対策本部が立ち上がったあとはずいぶんスムーズに行ったと思います。被災した場所が兵庫県という限定的な地域だったこともあり、官邸と兵庫県がどんどんストレートに話をして進めて決めていったということですね。それともう一つは、内閣として指揮命令系統を単純化しました。今回は、阪神のときとは大きく違います。まず兵庫県という限定的な地域ではなくとてつもなく広いこと。そして、原発というもう一つの問題が起きているということですね。だからこそなおさら指揮命令系統を単純化して、素早く決定して指示するようにしなければなりません。責任体制を、早い段階から一般の震災と原発というふうに二つにしっかり分けるべきでしたね。総理にお会いしたときにはすでに2週間経っていましたが、私は、いまからでもやられてはいかがですかと申し上げました。総理は、「そういう方向でやっている」とはおっしゃっていましたけどね。

「想定外」から生まれた教訓

1995年1月17日、午前5時46分。淡路島沖の明石海峡を震源とするマグニチュード7・3の大地震が発生。死者は6434名（関連死含む・内閣府）という戦後最大の地震被害をもたらした。

驚くべきことだが、当時、こうした大災害に対して、政府や国の機関が直接被災地の状況を把握する機能もシステムも整備されていなかった。村山首相は、たまたま見ていたテレビニュースで知ったというお粗末さだった。

自衛隊の災害派遣要請も、当時は都道府県知事のみが要請できることになっていたため大幅に遅れた。

このほか、消防組織の能力の問題、倒壊家屋、仮設住宅、避難住民の心の問題、帰宅困難者の問題などあらゆる点で脆弱な危機管理が露呈した。

当時、村山首相自らも、そして官邸スタッフの多くも、与党議員らも「こんな形で都市の直下型の大地震が起きるとは思っていなかった。想定外だった」という言葉を使った。予測できなかったことを、対応のまずさの理由にしてしまった部分が大いにある。

だが、長年、災害取材を続けていて思うことは、常に大災害は前例を覆すものだということだ。常に「想定外」なのだ。「想定外」だから大災害なのだ。にもかかわらず「想定外」という言葉を為政者や政府は言い訳にしていないか。

過去の犠牲の上に教訓を得て次の災害への危機管理につなげる努力をしていたかどうか。それを厳しく今回もチェックしなければならない。でなければ、また悲劇を繰り返す。

阪神淡路大震災の教訓は今回どこまで生かされていたのか。

政府が本当にやるべきことは何か？

――今回官邸を取材していても指揮命令系統が複雑でメチャクチャ。場合によっては同じ内容の指示がバッティングして二方向から下りてきたり、非常にちぐはぐになっていました。

石原　正直言って、私も外から見ていてそういう感じを持っていましたね。そこは、私もお会いしたときに強く総理に申し上げました。阪神淡路大震災のときは、はじめからすっきりした組織を意識して作ったんですね。たとえば、盛んに話が出た復興庁ですが、私はこの組織を作ることには反対でしたね。いまある官邸、省庁、県、市町村、そこに復興庁が絡むとなるとラインが一層複雑になります。被災地の人たちはいったいどこに相談に行ったらいいんだということになります。たとえば、いますでにある組織で言えば消費者庁なんかそうですよ。消費者に関する問題を何でもそこに持って行けば解決するならいいんだけど、結局は問題ごとに、その件はもう一度他の担当権限を持った役所に行けということになってしまうんです。一つの庁を作ってそこですべてが済むんならいいですよ。でもすでにある組織とどう絡むか複雑で迷ってしまう。行政の執行が遅くなって時間がかかってしまうことになります。特に今回の大震災のように、すぐ手を打たなければならないようなときに、あっち行けこっち行けというわけにはいかないでしょう。復興庁というのは、よほど考えなければ、と私は危惧しましたね。

――復興庁のような発想は、思いつきで言う分にはアピールできますが、実際に機能するのか。たとえば予算を一元化して持てるのか、また権限を持てるのかということだと思います。省庁を横断的に果たしてそんな組織が機能するのか、と。

石原　屋上屋ですね。そういう発想にすぐになってしまうことを私は大変心配しています。今後も同じような有事に、必ず同じような組織を作ろうという発想が出てくると思いますが気をつけるべきだと思います。

――どうも菅首相は関東大震災のときの復興院をイメージしたようです。聞いて「使える」と思ったらすぐ飛びつくというういつもの癖のような気がします。

石原　関東大震災のときの帝都復興院とは根本的に全然違うんです。当時は中央集権時代で内務省全盛期ですよ。内務大臣の後藤新平が復興院総裁になって全権限を持ってやれたんです。そういう時代だったんです。いまそんなことできますか。いま関東で大震災があれば東京都知事が第一責任者としてやるということですよ。それを国が勝手に組織作って勝手に東京のことをどんどん触れますか。岩手だって宮城だって福島だってみんな同じことですよ。いまは地方分権の時代なんです。時代はそういう建前になっているんです。復興院が第一責任者として、宮城や岩手のことを勝手にやっていいんでしょうか。私はそう思いませんね。いまは地域主権の時代ですよ。

――政府は復興院などではなく他にもっとやるべきことがあると?

石原 私は、官邸を中心にやるべきことは、被災地の県や市町村を補足するということだと思います。たとえば国家公務員をどんどん派遣する。とにかく県を強くするためにどうするかということです。

――こうした場合は、復興は県が中心ということですか?

石原 そうです。できれば、政府の責任者が現地に行って県知事や市町村長と話し合うべきなのにそれをやりませんでした。こっちから出向いてなぜやらなかったのか。仙台あたりでいいじゃないですか。まずは住民に最も近い被災地の知事さんたちの認識を確かめなければならないのに、なぜそうした意見調整をやらなかったのかと強く思いましたね。阪神淡路大震災の時には、小里(貞利元衆議院議員)さんを担当大臣にして、現地に行ってやってもらったんですが、そのときに重要なことがありました。そのときに、総理だった村山(富市)さんは小里さんに「あなたが現地に行って必要と考えたものはどんどんやってください。内閣が全責任を負います。財政がどうとか、法律がどうとかまったく考えなくていい。現地で現地の人たちの話を聞いて即断即決でやってください。責任はすべて私がとります」と言って送りだしたんです。村山総理は初動で「どうしていいか分からない」的な失言もあり批判されましたが、ある意味、自分の非力さを素直に認めた上での強さと覚悟がありました。「すべて責任は取る」とはなかなか言えたものではありません。ところが村山さんはそう言って送りだした。有事の際のリーダーの姿としては立派だったと思いますよ。だから、小里さんは自信を持って、知事や市町村長など現地の声を聞いて、すぐにいろんなことを上げてきました。必要なことを実現させて行きました。加えて私がやったことは、小里さんが現地に行くときに、各省庁から実力者をつけたんです。現地で即断即決できる態勢を役所側からも人を出して一緒に作ったんですね。

災害時に求められるリーダー像

東日本大震災は、危機管理の際のリーダー像について、いかにあるべきかを投げかけた。菅首相への批判は、まず発生直後、福島原発の視察や東京電力へ乗り込んだことなど、つまり、司令塔でもある最高指揮官がワンイシューに首を突っ込み、すべてを総合的に対処し決断する場所にいなかったことだ。

体制や組織についても、石原氏が指摘するようなシンプルかつスピーディに指示が下りていくものではなく、思いつきのように補佐官を数多く任命し官邸に人を集めた。仮に有能な人材を多く集めたのでありそれを良しとしよう。ところが、結局はそれがあだになった。それぞれは懸命に対応を考え実行しようとする。意見を具申し最後はリーダーたる菅首相が決めるのだが、その決定がこれら官邸に集められた人間の考えたものではなく唐突に菅首相個人が言い出したアイデアだったりする。せっかく集められた有能なマンパワーも、これではやる気をなくしてしまう。そもそも菅首相の性格に、リーダーたる素質が備わっているのか。菅首相を古くから知るベテランジャーナリストは、「菅さんは、いろんな人に意見を言われるとそれを意見ではなく批判と捉える癖がある」と語る。

かつて、さきがけで菅首相とともに行動し、自社さ政権ではさきがけ代表代行として村山氏のこともよく知る田中秀征元衆議院議員は、リーダーの姿についてこう述べている。「村山首相のすべてが自分の責任であるような『申し訳ない』という言葉には驚いた。当時、大震災への初動の遅れなどに一部から厳しい批判もあったが、首相はその批判を一身に浴びて決して責任を転嫁することもなかった。村山首相はパフォーマンスと無縁な人だから、身振り手振りで目立つ指揮者ではない。むしろ楽団の影になっているような指揮者であったが、楽団の隅々まで配慮があって、一人ひとりが持てる力を最大限に発揮できる

ように努めた。控え目な名指揮者と言うべきだろう」(ダイヤモンドオンラインより)

10人のリーダーがいれば10通りのリーダー論があっていい。村山氏は、むしろ自らの非力、言い換えれば自分の能力のなさを認めるという勇気だ。自分にできるただ一つのことは、人に任せてその責任をすべて受け負うことだという決断をしたのだった。責任とは万死、つまり首相の座などに恋々としていないのだ。それが村山氏のリーダー論だった。

リーダーシップは国がとり、一本化すべき

――阪神大震災の初動批判の後は、村山さん流の危機管理のリーダーのあるべき一つの姿を示したということだったんですね。

石原　村山さんは小里担当大臣に対してだけではありませんでしたよ。すべての閣僚に権限を与えましたね。「どんどん考えてやってくれ。責任は私が負う。心配するな」とおっしゃった。それによって、内閣の気持ちが一体になりましたね。各閣僚が一生懸命考えて仕事をしました。各閣僚の気持ちがひとつだったと言っていいかもしれません。

――菅さんはそれができていない?

石原　今回初動は早かったですよ。私のときより、緊急対策本部もずっと早かったと思い

ます。でも2日経ち3日経ち、だんだん官邸は原発の方に比重が重くなっていきました。津波などの被災地のほうは何も動かない、支援物資も届かない、被災地は相当心配だったと思いますよ。少なくとも、政府と現場との連携はもっとやりようがあったと思います。一般災害の方は誰が中心かその後もしばらくよく分からない。当初は松本（龍）さんという話もあったが、それもまったく見えませんでしたね。別に彼に権限が与えられている風でもなかったし。小里さんのように全権を持って現地に送り込まれた人がいないのが、その後の対応の遅れや批判につながっていると思います。

――復興についてはいかがですか？

石原　確かに原発は深刻ですね。だけど、一般災害についても、阪神淡路大震災のときに比べてもはるかに大きな規模なんですから、こちらだって深刻であることに間違いありません。相当な被害ですよ。こちらを早くやらなければならないと思います。早く方針を決めないとぐずぐずしていたらあっという間に1年ぐらいすぐ経ってしまうんです。普通、災害復旧というのは壊れたら元に戻すというのが基本なんですね。しかし、今回はまちごとなくなっている。国が大きな方向付けをしなければ、県や市町村はその後の作業にかかれません。そして、今回被災した地域というのは、住環境だけでなく、そこには仕事、漁業や農業などもセットになっていました。神戸のときは、ある意味限られた地域でした。

あの地域のあの街を復興する、その地域の被災した方々は直してもらえばそのまま元の生活に戻れるというところがありました。でも今回は全然違います。農業をやれるのか、漁業をやれるのか。莫大な財政援助が必要です。しかし、国が復興の大方針を立てずにぐずぐずしていたら、県などはもう待てずに決め始めることになる。つまり二重になってしまうんですね。国がリーダーシップをとって、被災地の希望や声を聞きながら一本化して早くやらなければならないと思います。

――未曽有の災害です。危機管理という点で官邸は何をすべきですか？

石原　何度も言いますが、官邸はスタートは良かったんです。その後の原子力災害が官邸の動きに相当制約をつけたことは間違いありません。だからこそ、早い段階から、原発と一般災害の二つに分けて責任者を置いて対応しなければならなかったが、それができなかったことが混乱の始まりですね。それから、官邸にあまりにも人が多く集まり過ぎたと思います。テーマごとに、官邸に議員や各省から人を集めてやるというやり方は一般の政策ならいいと思いますよ。しかし、非常事態のときは官邸の意思決定部門というのは少人数で決めるのがいい。少人数なら意思決定が素早くできる。こういうときに官邸に人が集まり、その人たちがうまく機能しなかったということですね。少人数で物事を決めて、下に下ろす形が望ましいんです。

――今回は補佐官が多過ぎますね。お友だちを官邸に呼び集めた感じでしたが、そのお友だちもバラバラに動いていた。首相ではなく、副長官として復活した仙谷（由人）さんの指示で動いたりする補佐官もいました。

石原　私のときも何人か補佐官がいらっしゃいましたよ。総理に具申したり、相談されて動いたりするのが補佐官の仕事でした。でも、阪神淡路大震災のときは、補佐官は意思決定には一切関わらないようにしたんです。決めるのは、総理、各大臣　次官、局長。補佐官にはそこにタッチさせませんでした。危機管理においては相談する窓口が多いのはだめだということなんです。あくまで行政のラインはシンプルなのがいいんです。たとえば、いま、死にかかっている人がそこにいる、そのときに、補佐官や色んな人に相談している時間なんかないんですよ。シンプルに決めてシンプルにやるのがいちばんいいんです。それが危機管理ですね。

――民主党が政権交代の旗印にした政治主導についてですが、今回の危機管理では政治がリーダーシップをとって官僚を含めた政府全体をうまく動かせたかどうかという検証が必要だと思います。

石原　民主党政権になって、いままで政治主導というものを重視してきましたよね。重要なことは政治が決めて、官僚組織は政治が決めたことを待って動けばいいということですね。でもそれが、今回良くない形で出てしまったと思うんです。民主党政権になって、官僚諸君が、政務三役からの指示を待っているという感じがします。今回も私が聞く限りでは初動がそうでした。初期対応では、政務三役が決めてから官僚が動くという形だったんです。その結果、なかなか現場全体に指示が行き渡らなかったように思います。本来、危機対応は政策論議ではないんですから、「政治主導だ」、「政治が決めてから動く」だとかそういう話じゃありません。当面どう対応するか。まずどう手を早く打つか。それをやるためには、政治も官僚組織も一体にならなければならない。私は政治主導を否定しません。でも、こういう危機への対応は、官邸や大臣と官僚が一体になって動かなければならないと思いますよ。官僚だって今回は指示待ちなんてせずに勝手に動けばいいんです。政治主導と危機管理対応をごちゃごちゃにしないように、官邸も官僚もぜひ学習して欲しいと思いますね。

（2011年4月・東京にて）

「危機管理」関連インタビュー

石原信雄氏が語る故・後藤田正晴

後藤田正晴（１９１４〜２００５）。官房長官や副総理を歴任。「カミソリ後藤田」の異名をとり、特に危機管理では力を発揮。もし後藤田が生きていたら…。東日本大震災にその姿を投影してみた。

後藤田さんは私がたいへん尊敬している先輩。そういう人は私以外にも多いんじゃないですか。内務省ご出身だけど、当時は警察という権力行政と一般の民生行政も両方やってこられた。権力と民生の双方をやったことで、バランスというか総合的にものを見ることができたのだと思います。後藤田さんはその典型の方でした。

私が自治省の税務局長のときに後藤田さんが大臣として来られた。それから長いおつきあいが始まりましたが、ずっと後藤田さんを見てきて、とにかく常に正論を吐く人。政治家というのは人気取り商売だから発言に気を遣いますが、後藤田さんは、国民に対しても、政治家に対しても、官僚に対しても媚びることなく堂々と正論を言ってましたね。いつも国のために何をすべきか、国のために政治家も官僚もどう動くべきかを第一に発言しておられた。叱られることは多かったですよ。でも納得する叱り方と中身でした。

阪神大震災の時に私は官房副長官でしたが、復興委員会というのを作りました。メンバーを誰にしようかと考えているときに、竹下（登・元首相）さんに相談したんです。すると竹下さんは、「こういう危機のときには正論を言う人がいなきゃだめ。後藤田さんしかいない。最高顧問ということでメンバーに入れたらどうだ」と言われたんです。竹下さんと後藤田さんは政治手法もタイプも全然違いますから、聞いたときは驚きましたが、ああ、竹下さんはやっぱり人をしっかり見てるなあと。村山（富市・当時の首相）さんにそう言ったら、彼も賛成してくれました。村山さんも後藤田さんを評価していましたね。

実際に復興委員会が始まったら、後藤田さんは良い意見をたくさん言ってくれました。私が印象に残っているのは、「公《おおやけ》として、国がどこまでやるのか、どこから地域に任せるのか、その線引きをはっきりさせなければならない。国には予算的にもおのずから限界がある。それに大事なのは公平です。とにかく災害のときはいろんな要求がたくさん来るんです。そうすると、人気取りの政治家などは、あれもやれこれもやれということになる。でもそこにしっかり線を引かなければいずれ国に限界が来る。ならばできないことは、事前に勇気をもってはっきりと言わなければだめだということなんです。中途半端にやろうとすると、結局それができずに、国が何もやらないという批判になって返ってくる。そうするとその後の復旧に大切な被災地との信頼関係すら失われてしまうんですね。「国ができないことは約束するな」というのが口癖でした。

平等について言えば、阪神大震災のときは、住宅ローンの問題が生じました。今回の東日本大震災は二重ローンが問題になっていますよね。阪神のときは、建てたばかりのマンションが崩れて、その時の建設費の借金はどうするのかという問題が起きた。当然被災した人は「国が補償してくれ」とこうなるわけですね。しかし、マンション経営する人というのはお金持ちですよ。一方でお金もなく質素に暮らしていて被災した人もいる。税金を投入するのにこれは公平なんだろうかということになりますね。後藤田さんは常にそういうことをおっしゃって、復興委員会の議論が散漫にならないように一つの方向に持って行ってくれました。世の中が支援ムードの中で、お金は出さないとはなかなか言えないんですよ。でも、後藤田さんは、被災者相手にも言論相手にもそれを言った。凄いことです。

今回、復興構想会議が提言をまとめましたね。私も読んでみたんですが、理想論に終わっているというか、じゃあそれをどう落とし込むかというところになると具体的なものは何もない。もっともまずいなあと思うのは国と地域のやるべき仕事の境界線がはっきりしていません。後藤田さんは、そこの役割分担を、国にできないことははっきりさせたうえで具体的にしなければ、地域も前へ進まないとおっしゃっていた。だから今回の復興構想会議に対して言わせていただければ、そもそも「見えるようなものを出せる人をメンバーに選べ」ということなんですね。後藤田さんの役割がいないんですよ。

危機管理という点では後藤田さんは迷いませんでしたね。三原山の噴火のときには全島避難をいち早く決めました。決断も早かったが、そのあと、自衛隊や民間の船などをあっという間に動かし、島民を避難させた。船がいまどこにいて何をやってるか、海上自衛隊の船であろうが民間の船であろうがその辺りの情報もすぐに把握できる。

今回の福島原発なども、小刻みに避難区域を広げるだけで危機管理がなっていない。後藤田さんなら、まず一気に避難させて。それから徐々に狭めていくでしょうね。それに、原発は長年国がやってきたんで、事故になったら、それを国が、政治が色んなことを決めて対処しなければならないはずです。もし後藤田さんだったら、原発事故が起きたと同時に、「これは国がやる。一民間企業の東京電力の責任ではない」と言って、全面的に国が出てことにあたったでしょうね。

危機管理というのは災害だけじゃありませんでした。1987年に私が副長官として官邸に入ったときに、昭和天皇のおからだの問題があった。後藤田さんは、私が赴任するや否や、「皇室を勉強しておけ」とおっしゃった。陛下は一時体調を戻されましたが、崩御ということになれば、新憲法下で初めての継承になります。そこをみて早々に指示を出されたということなんです。

官邸の中枢で政権を守るという仕事も見事でした。イラン・イラク戦争のときの掃海艇も、後藤田さんはときの首相の中曽根（康弘）さんに「反対だ」と異議を唱えました。当時インド洋は戦闘状態でした。そこへ行って機雷の除去をするということは、戦う意思はなくとも機雷を仕掛けた側から見れば戦いを挑んできていることになる。だから憲法に反するんだということですよね。法の順守というかたくなな姿勢です。首相にも意見を具申する、そしてそれが結局、中曽根内閣を守ることになるんですね。いまの政権について、私は議員の方々についてとやかくいう立場にはありませんが、まあ論外ですね。首相を支えるとはどういうことなのか分かっていらっしゃるのか疑問です。後藤田さんのような政権を支える政治家がいないんですね。

いまは国難ですよ。政治主導なんて言って、勝手に政務三役で決めたってどこまでできるんですか。官僚を動かせばいいんです。国民の英知が必要です。官僚も過去の知恵ばかりで創造がないという批判もあります。でもこういうときにこそ過去の経験や知恵が生きるんですね。全員でやらなければ解決しません。後藤田さんは行政の仕組みが完全に頭に入っていました。危機管理のときに、どのボタンを押せばどう動くかということが分かっていました。

連立8会派の政権交代のあとに、後藤田さんを自民党の総裁・総理にという声が上がりましたよね。あのとき私も、「この国のために立つべきではないですか」と申し上げたんです。でも、後藤田さんは、「歳を取り過ぎた。首相をやるには体力的にも責任を持てない。ならば出るべきではない」とおっしゃった。あれだけ「私」より「国」を第一に考えて、常に大局的に考え、言うべきことを言う姿勢を貫いてきたんだから、その「国」のリーダーになって欲しかったんですが、はっきりと立たないとおっしゃった。首相のチャンスが目の前にあっても首相の重みを感じておられたからです。いまの首相？　私はとやかくは申し上げませんが（笑）。

（2011年6月・東京にて）

Column 04

当時の首相の意識を変えた

「天災」は起きた直後に「人災」

阪神淡路大震災から21年。発生は1995年1月17日午前5時46分。死者・行方不明者は6434人（関連死含む・内閣府）にのぼった。

当時は自社さ連立政権。私は、首相だった社会党の村山富市氏から、テレビ番組で話を聞く機会を得た。東日本大震災のあとに、自らの失敗や反省を東日本にも生かして欲しいと重い口を開いたのだった。

地震の発生は早朝。村山氏は秘書官などと連絡を取り合うが、当時、官邸や政府内、自治体などをひっくるめた連絡体制が構築されていなかったこともあって、村山氏は右往左往してしまう。

「情けないが、どうしていいか分からなかった」と白状した。

そんなときに官邸に単身飛び込んできたのが、後藤田正晴元副総理（故人）だった。元警察庁長官で中曽根政権の名官房長官、そして危機管理のプロである。執務室で後藤田氏は地に足がついていない村山氏にこう言ったという。

「『天災』は人間の力ではどうしようもない。しかし、ひとたびそれが起こったら、その直後からのことすべては『人災』だということを忘れてはいけない」

村山氏は一気に身が引き締まった。どうしていいか分からずあたふたしているそのときにも犠牲者は増えている。それらはすべて「人災」であり、「政治の責任」なのだ。だからこそ、やれることは前例があろうがなかろうが、首相の全責任で躊躇せずすべてやらなければならないということを後藤田氏の言葉から悟ったのだった。ここから村山氏は、自民党の小里貞利氏を全権責任者として現地に常駐させ、そこに各省庁幹部も付けて「現地でやるべきと思ったことはすべてやっていい。法律があるとかないとかそんなことは関係ない。全責任は首相である私が持つ」という体制を取った。

これが数日後から対応が進んでいくきっかけとなった。

阪神に学べなかった東日本大震災

「現地の判断最優先。あらゆる手を打つ。トラブルも起きるがすべての責任を取る覚悟を持つ」というのが、阪神で得た国のトップリーダーが大災害のときに持つべき貴重な教訓なのだ。

ただ、それがその後生かされてきたかというとそうではない。3・11の際は現地で決断する体制を政治が作れなかった。「官僚や地方自治体の公務員は法律や公平性に縛られます。不公平が生じるからと、救援物資を全地域分が揃ってから配ったりしてしまう」（県庁幹部）のだ。ときの為政者が、村山氏のように、「すべて責任を持つ。オーバールールでやれ」と指示を出すことに気が回らなかったのだ。

「予期できない」という甘え

私は、20年経った1月17日にこんなことを考えた。実は地震に限らず日本は常に自然災害が急襲する。天災との戦いは政治の責任だ。昨年も、広島市での土砂災害や御嶽山噴火など相次ぎ犠牲者が出た。にもかかわらず取材していて、政治の中には天災に対して、「予期できない、未経験の領域」というどこか甘えがあるように思える。「起きた直後からすべては人災」という後藤田氏の言葉をいま一度噛み締めるべきだろう。

一つ例を挙げる。集中豪雨を予測する気象庁には、実は避難など指示する権限がない。あくまで予測まで。ならば、たとえば気象庁を内閣府に移し首相直轄とし、「予測即避難勧告」という危機管理の権限を与える体制にすれば災害はもっと防げるかもしれない。そして気象庁予算は年間６００～７００億円。つい最近、２０１４年暮れにやる必要があったのかいまひとつ分かりにくい総選挙一回にかかった費用とほぼ同じだ。これを読者諸氏はどう感じるか。自然災害などに備えて予算も体制見直しも政治がやるべきことはたくさんあるのではないか。

（初出『アサヒ芸能』２０１５年2月9日号を改稿）

責任はすべてとる。
現地で必要なものは決めていい

阪神淡路大震災

村《むら》山《やま》富《とみ》市《いち》　元内閣総理大臣

村山富市《むらやまとみいち》

1924年大分県生まれ。日本社会党に属し大分市議会議員、大分県議会議員を経て衆議院議員として国政へ。1993年、非自民の細川連立連立に加わったがのちに離脱。自社さ連立政権の発足にともない第81代内閣総理大臣に就任。在任中の1995年に阪神淡路大震災が発生。同じ年には「地下鉄サリン事件」も起き、危機管理に直面した。その後、社会党を解党させて新たに社会民主党（社民党）を結成し、同党の党首や特別代表を務めたあと引退。

就任中に直面した阪神淡路大震災

――東日本大震災で思うところはずいぶんおありだとお思いますが、村山さんは、何と言っても1995年1月18日に起きた阪神淡路大震災のときの首相でした。当時は、社会党、自民党、そして新党さきがけによる「自社さ連立政権」でした。当時の震災直後の対応で失敗や力足らずなところはたくさんあったと思います。しかし、それが、今回の東日本大震災のようなときに教訓として生きてくると思うのです。その辺りのお話をぜひ聞かせていただきたい。

村山　朝6時のテレビニュースを見たんです。その日の朝は、社会党の元委員長だった山花貞夫さんが路線の違いから会派を離党するという話があってね、それが最初のニュースだったんです。そして、その次にこの阪神淡路の地震のニュースがあった。そのときには、神戸の様子なんか映像も出ていなくてね、京都とか彦根とかが出てましたよね。思ったのは、もう神戸などは通信網がだめになって、情報が取れないのかと思いました。それで僕は京都のある友人に電話かけて「どうだったのか」と聞いたらね、京都は揺れが激しかったけど幸い被害がない」と。正直に言いますがそのときはまだ「ああ良かったな」という程度にしか受け止めてなかった、するとその直後にすぐ秘書官から電話かかってね、「大変なことになっている。大きな地震で被害も大きくなりそうです」と。「だけどまだ実情がよく分からないので分かり次第連絡します」と。さらに官房長官からも連絡があって、官邸に向かいました。官邸に行ってから、主管の国土庁に盛んに連絡取るけどよく分からない。あのときは結局テレビが一番どんどん情報を流していました。

――一応政府内にも危機管理の体制をどうするか、情報をどう上げるかなどのマニュアルはあったと思いますがそれが機能しなかったということですね。

村山　緊急に省庁の幹部や閣僚など集めて会議を招集して、対策委員会作ることになったんだけどね、とにかく情報網が途絶えて、的確な情報が入らなかった。それも含めて「初動」の対応はね、やっぱり遅れました。これについては、僕はもう率直に謝った。これはもう、弁明のしようがない。それは謝らなきゃいけないということで謝ったんだけどね。とにかく立ち止まっていられない。謝って、そこから先に何かをやらなきゃならない。そしていろいろ取り組んだ。

批判から生まれたトップリーダーの覚悟

前述した石原信雄元官房副長官の話にもあったように、阪神淡路大震災の際、村山氏は初動の遅れが指摘された。そこには「危機管理の経験の浅さ」と政治家の資質を批判する声もあった。しかし一方で、当時危機管理の体制や法整備もまだまだ不十分だったことも挙げられる。

こうした初動に対して、石原氏や連立政権を組んでいた自民党ベテラン議員らが進言。村山氏は「自分の能力がない」ことを素直に認め、逆にできることは何でもやると動いたことが奏功した。

それは、現地に責任者を派遣して「現地のことは現地がいちばん分かる。現地ですべて決めていい」と権限を与えたことだ。そして村山氏は「責任はすべて自分が取る」と明言した。

災害は遠く離れた官邸や霞が関では分からないことが多すぎる。多少の規則違反や前例のないことであっても現地が必要というならそれを実行するという危機管理のあり方を示したものだ。また、「責任はすべてとる」というトップリーダーの覚悟が重要だという点でも、村山氏の初動以降の行動は、危機管理の一つの方向を示したと言える。

現地のことは現地がすべて決めていい

——どんな取り組みを？

村山　一人に集中するんじゃなくて、それぞれ持ち場があるはずですからね、だからつかさつかさで持ち場に対して全力を挙げて取り組んでもらえるような体制を作りました。そして、官邸の連中や自民党にも相談して自民党の小里貞利さんを防災担当大臣にしました。適任だったと思います。あの人はもうよく動くしね、それから現地と東京との間を行ったり来たりするしね、そしていろいろ情報を報告してくれるし。まず官邸に僕を本部長とする対策本部を作って、メンバーは閣僚たちで担当しました。そして、現地の県庁の中に小里さんを長とする現地対策本部を作って各省の担当局長を初陣として現地に張り付けたんですよ。各省から幹部を派遣したのは、現地で必要なことをどんどん決められるように、各省から、つまり政府を現地にもう一つ作ったんだね。小里さんに言ったのは、現地のことは全部現地で決めていい、僕には確かに経験や能力がなかったかもしれないけど「責任はすべてとることはできる。だから現地で必要なものは決めていい」とね。そこには、県庁やら地元の人たちも全部入っていたからね。あの仕組みが、僕は非常に良かったと思うんですよ。これは、石原信雄さんという官房副長官が長くおられたでしょう、あの人はもう官僚の仕組みというものをよく分かっていてよくわきまえている。あの人の提案と知恵が発揮されたと思いますよ。石原さんと五十嵐官房長官と僕でしっかり相談をしてその仕組みを作ったんですね。もちろん自民党は連立を組んでいたから全面協力、野党もそうした組織を支持してくれましたね。現地にしっかり現地で決められる仕組みを作れとね。評価してくれましたよ。もう野党も与党もないんですね。国会も、各党もね、それから官僚も全部一体となって取り組んでいったというような体制ができたと思うんですよ。僕の最初の取り組みは遅れてそれは痛切に反省しても足りないくらいだけど、石原さんなんかは最後に「それを挽回して、余るものがあったんじゃないですか」とおっしゃってくれましたね。

阪神での教訓は、東日本に生かされたのか?

――危機管理というのは、能力のある人間、適した人間を、官僚であろうが野党であろうが総動員して当てはめ、首相がすべての責任を負うということなんでしょうか。

村山　僕はどっちかと言えば、自分でやれったって何もできないほうだから。でも、やっぱりそれぞれの場で事に当たっている人、特に現地にいる人は、いちばん現地のことは分かるわけだし何をしなきゃならんか、何が必要かっていうことも分かるわけです。だから、そういう意味ではその災害現場を担当している責任者に責任持ってもらう。そして、最終的には総理大臣が責任持つと。それは当然の話でね。阪神もそうだし東日本もそう。あの現地を見たときにこれはもう尋常じゃない、有事ですよ。だから、あなたが現地に行ってこれやらなきゃいかんと、これはこうすべきだと、思ったことがあったら思い切ってやってくれと。もし法律が必要なら法律を作るということはやるし、改正してもいいんだし、そんなこと心配せんでいいからやれと。

――総理大臣という一国のトップリーダーが「すべて責任を取る」と決断するのは相当な覚悟でしょう。

村山　実は、後藤田さん（後藤田正晴元副総理）がね、震災があってから2日目くらいかな、官邸にきてね、僕に言うんですよ。「地震というのはもうこれは天災だから、人間の力としてはもうどうにもできない。これは天災だからしょうがない」と。「だけどこれから復旧・復興というのはね、人間がやるんだから、下手をしたらすべて人災になりますよ。だから頑張ってください」とも言いました。私はそれを聞いてね、まさにその通りだと。もうできることは何でもやろうと、そういう風に思いましたね。ある程度落ち着いたあとに後藤田さんがまた訪ねてきてくれて、「よくやった」と言ってくれましたけどね。

――そういう意味では、今後復興に向けて、しばらくは与野党ともにできることを一緒にやらねばなりませんね。

村山　災害は政局にしてはいけない。東日本大震災については、そりゃ与野党越えて集中してやらねばいかんというような雰囲気を作らなければなりませんね。そういう政治体制を作って行くのはやっぱり与党の責任ですよ。民主党が、政治主導だなんて突っ張らずにこの震災に関してだけは官僚にも相談し、自民党の経験者たちの意見も取り入れるべきですよ。災害で果たすべき与党の責任というのは僕に言わせたらそういうことなんですよ。被災者なり国民が見て、信頼できるようなものにしていかないと。責任の所在とか、総理や閣僚や与党幹部や政治家のモノの言い方とかにもやはり十分配慮して行く必要があるんではないかと。

――東日本大震災の方は、初期もいまも現地に本部を作らずに対応した。阪神の教訓が生きなかったのではないか。

村山　阪神の場合と東日本のあの災害とは規模が違いますから一概には言えないでしょう。それに阪神は地震だけですからね、東日本の場合には津波や原子力発電所の事故もあって、それがさらに大きくのしかかってきましたからね。比較にならない部分も多いです。しかし、いまおっしゃったように、誰がどう動くのか、誰が何を指示するのか、誰がどこの責任を持っているのかはっきりさせることが大切です。特に総理大臣はどんな立場でどの分野でどんな指示を出すかどう行動するかは重要でしょう。それが、よく分からない状態で、今回不安感を現地の行政や政府内にも与えたんじゃないか。たとえば、僕は阪神淡路大震災があったときに、総理はすぐ現地に行くべきだという声も官邸内にありましたが、すぐには行かなかったんです。そのために総理は感度が鈍いなんて批判もされましたがね。

――なぜですか？

村山　大地震のあとの大混乱しているところにもし、総理が行ったら、警備から何からみなせないかんわけですから。これではかえって現地に迷惑をかけることになるし、混乱を大きくすると。だからもう少し様子を見て、落ち着いてから行ったほうが、現地のことも分かるし、話も聞けるし、いいんじゃないかと。まずは小里さんを派遣してすべてを現地で決めていいという体制を作っているんだから。それで僕が自分の意思で「まだ行かない」と言って、しばらく経ってから被災地へ行ったんです。菅（直人）さんは、東日本大震災のあと、すぐに行ったんだよね。それは地元に混乱を与えただけじゃないでしょうかね。僕は遅く行ってやかましく言われて、菅さんは早く行ってやかましく言われた。だけどそれはやっぱり僕の判断の方が正しいと思いますよ。

（2012年4月・東京にて）

Column 05

東京五輪と「フクシマ」

「ブロック」発言の真相

一瞬耳を疑った。

「港湾内の0・3平方キロメートルの範囲内で完全にブロックされている」

日本時間の2013年9月7日、国際オリンピック委員会（IOC）総会のテレビ中継で、安倍晋三首相が福島第一原発の汚染水についてそう説明したからだ。IOC委員による「具体的な技術的な説明」を求められた首相は、「完全ブロック」と言い切った。

当時、東京電力は、「300トンの汚染水がタンクから漏れ、排水溝をたどって海に流れ出た可能性がある」「タンク付近の地下水から放射性ストロンチウムなどが1リットルあたり3200ベクレル検出され地下水に広がっている」と汚染水がダダ漏れしていることを認め、事態は深刻なことを明らかにした。限りなく広範囲にわたる地下水の流れを考えれば、もはや、湾内の0・3平方キロの範囲の話ではなくなっていた。従来の、汚染水対策を抜本から見直さなければならないのだ。それを「完全ブロック」とは、明らかに踏み込み過ぎであり、より根拠を求められる危険な発言だった。

安倍首相を支える自民党幹部に、汚染水の現状を理解していたのかを訊ねた。

「(スピーチの)事前に文科省、外務省などの役所も入れて相当な打合せをやって臨んでいた。原発については、秘書官が中心になって安倍首相と話を詰めたようだが、その秘書官がどれだけ細かく情報を入れたかは分からない」

放射能問題に過敏な海外メディアは、すでに最初の汚染水漏れが明らかになった同年7月22日以降、「フクシマ」を徹底して取り上げていたにも関わらず、安倍政権は「ほとんど動いていなかった。東電と規制委員会任せで危機感はゼロ。ところが、オリンピックの東京招致に多大な影響があることが親日のIOC委員らの助言や政府間の情報交換で指摘されだして、慌てて対応した感は否めない」(同)という。

こうした「にわか準備」は発言に一貫性を欠き墓穴を掘ってしまうという例は、永田町では枚挙に暇がない。現に、安倍首相のスピーチ直後の同年9月9日、東電は会見で首相の発言とは完全に違う認識を示したのだ。東電のある中堅幹部はこう話す。

「防波堤に囲まれた湾内では汚染水が海に流出しないよう遮水壁やシルトフェンス(水中カーテン)を設置しているが、港湾内外の海水は入れ替わるし、完全に遮断できない。しかも、安倍さんがおっしゃった湾内の話だけではなく、タンクから漏れた分は、防波堤の敷地の外の排水溝で直接海に流れた可能性が高い。技術的にみても、完全ブロックとは言えない」

地元福島の漁業関係者からも、こんな声が上がった。

「安倍さんは、現地が分かっていないからあんなこと言ったんじゃないの。だってブロックしてるというなら、俺らとっくに漁をやってるでしょ。試験操業がもうすぐだと思っていたら、汚染水問題が出てまた延期になった」

前出自民党幹部は安倍発言についてこう見ている。

「とにかく安倍首相はアベノミクスを一歩たりとも後退させたくない、そのためにはオリンピックの招致を成功させたい一心だった。だからスピーチは安全性を訴え、『そのためなら少々の大きな話もする』ということに思える。『コントロール』もそうした中で使ってしまったんだろうが、これから先、常に『ああ言ったじゃないか』と国会や海外メディアからは突っ込まれるかもしれない」

いずれにしても、招致決定の浮かれムードに隠れてはいるが、安倍首相の国際公約は、「今後安倍政権の命運を左右するテーマ」(前出幹部)とも言える。

福島原発、責任のなすりつけ合い

実は、安倍政権になって政府は福島第一原発の処理には一定の距離を置いてきた。

言い換えれば、「逃げていた」と経産省ＯＢが言う。

「事故処理や再稼動など原発問題は複雑で厄介です。関連する法律（電気事業法、規制委員会設置法等）は、そもそも安全神話に基づいているから事故を想定していない。したがって誰の責任かまた罰則などもない。それを理由に、政府は、事業者である東電が処理するのは当たり前だと。東電が手に負えなくなると、政府がいかにもやってやるという感じで出てきてあれこれ言うが、時間が経ったらまた手を引いて常に距離を置いてきた。つまり、本格的に乗り出したら最後までやらなきゃならなくなるから、何でも規制委員会の判断に丸投げしてきた。距離を置いてきたんです。今後何十年も永遠に国費を投入しなければやっていけません。しかも福島を解決できなければ他の原発の再稼動にも影響する。そんな代物に政府は手を出したくないんですよ」

官邸でこれをコントロールをしているのが「秘書官の一人」（同ＯＢ）とされるが、安倍首相を守るためには、原発問題は「できるだけ触れずにおいたほうがいいという判断から、シャットアウトしてきた」（同）との見方もあるそうだ。

福島の収束について、政府の「逃げ腰」と「必要なときだけ介入してくるやり方」に、前出の東電中堅幹部は「最近もう政府は信用できないという空気がうち（東電）に出てきた。うちはうちで全力を尽くすが、あとは知りません。何か不都合があるなら政府で解決してくださいという感じ。原発がうまく行っていたときは、役所（経産省等）

や政治家とも連携しましたが、事故のあとはパイプはなくなった」と本音を明かす。

たとえば、今回の安倍首相の「ブロック発言」にしても、もし、東電と政府の間の意思疎通があれば、翌々日の会見で、首相の発言に疑義を呈するようなことはしないはずだが……。「原発について、事前に話をすり合わせておかなければといった考えが政府側にもないし、うちも不信感を持っている」（同幹部）

これでもう原発から逃げられない

ただ、安倍首相が解決を国際公約した以上、原発をめぐる政府内の不協和音など海外から見ればまったく関係ない。政府主導で、東電は引き続き全力を上げこれに協力しなければならない責任がある。ところが、処理はあまりにも大きなテーマなのだ。
「政府は、汚染水処理に具体的な展望を持っているかというと、いまの時点で決定打はない。いくらタンクを作ろうが、日本中にタンクを作っても最後は必ず満杯になる。最後は薄めて海に流すしかない。濃度を薄めるALPSという装置も技術的には未知数。海に流しますという決断を国際社会は認めるのか。安倍首相はどう考えているのか」（前出経産省OB）
また、安倍首相がスピーチした凍土（土を凍らせて地下水をブロック）方式についても、経産省の現場の担当官僚すら、「2年程度の工期の地下工事などでは効果的だが、これだけ範囲が広い汚染水問題に適応できるかというとやってみなければ分からない」と白状している。民主党の馬淵澄夫元国交相もかつて遮断PTの責任者時代に、この工法は不適切と判断したことを明らかにしている。

オリンピック招致と引き換えに世界に公言した「フクシマ」の収束。政府が責任を持つ姿勢そのものは正しい。むしろ国有化してもっと早くから手を打つべきだったという声もあるほどだ。だが、工程表や技術的な具体策はまだまだ不透明。「今後常に国会は原発国会になる」(自民党国対幹部)とも言え、政府の答弁や対応一つ一つに対してこれからは国際的な厳しい目も加わり、政権の命運をも左右しかねない。

安倍首相を支える参与の一人は、招致決定から一夜明けた日本時間の9月8日、大騒ぎしているメディア報道などを見てこう思ったという。

「これでもう(原発から)逃げられない。大変なことになる」

(初出『サンデー毎日』2013年9月12日を改稿)

困っている人を助ける。ただその一点しかない

東日本大震災

小《こ》泉《いずみ》進《しん》次《じ》郎《ろう》
前復興大臣政務官

小泉進次郎《こいずみしんじろう》

1981年神奈川県横須賀市生まれ。父親は小泉純一郎元首相。兄は俳優の小泉孝太郎。2004年関東学院大学経済学部を卒業後、アメリカのコロンビア大学大学院に留学し政治学の修士号を取得。帰国後、父・純一郎の私設秘書を務め、2009年第45回衆議院議員総選挙に神奈川11区から出馬し初当選。東日本大震災時は、自民党青年局長、復興大臣政務官を務めた。

※写真は小泉進次郎衆議院議員掲示ポスターより

何故、被災地に通い、何を感じたのか？

私は、東日本大震災が起きた2011年の12月、小泉進次郎を何としても捕まえ、一対一で話す機会を作りたかった。

進次郎は、徹底したメディア対策を貫いていて、一対一の個別のインタビューなどには滅多に応じない。私は、進次郎の出馬前に、父親の純一郎元首相の側近中の側近である飯島勲元首相秘書官(現在は内閣参与)を通じて面識があった。正式に申し込むとインタビューは断られる可能性があるため、国会の廊下で会合の合間や移動中を狙って声をかける作戦にした。12月某日、与野党国対の会合のあと、部屋から出てきたところに声をかけた。

「進次郎さん！」

「ああ。ご無沙汰しています」

彼は会釈した。礼儀正しい。

「どうしてもお話を聞きたくて……」

進次郎が東日本大震災の被災地に通っていることを聞いていた。自民党政調幹部は「憑かれたように打ち込んでいる」とも表現した。

自民党は当時野党だ。政権党でないとやれることにも限界はある。そんな中で、進次郎がなぜ被災地に通い、何を感じ、何をしようとしているのかを聞きたかったのだ。国会の廊下を歩きながら、そんなことを振り向けていると進次郎は廊下の片隅に立ち止まって話をし始めた。しつこい私の質問を打ち止めにしなかったのは、進次郎が被災地にかけているその思いが強かった証明だろう。

多くの国会議員が、自分なりにこの大震災を受け止めていた。だが濃淡もある。選挙区であるかどうかという地域差。ベテランか新人かという経験の差。自らの役職による差。与党か野党かという立場の差。だが、進次郎は、そんな温度差以前に、どっぷり浸かっていた。思い入れもある上、そこから政治家として学んでいるものは確かだ。

「私を大きく変えました。政治家としての意識がガラッと変わりました」

進次郎の被災地通いは、その時点でもう9カ月を過ぎていたが、変わらず毎週のように続いていた。公務や党務ではない。空いている土日を使って、自費で通っていた。私が進次郎と話をした12月のはじめにも「今週末も岩手と女川に行きますよ」と話していた。

困っている人のためにこそ政治はある

地震発生後、3月末、進次郎はたったひとりで被災地に入った。まずは週末、灯油などをかき集めて足を運んだのだ。そこで実感したのは、一人ひとりの人間だったという。

「避難所生活の中でものもない。町は瓦礫の山。直後でしたから。でも、私なんかでも、行けば、『テレビでしか見たことないけどね。来てくれたんですね』と。一人ひとりと握手をしたんですよ。手が暖かい。ぐっと握り締めてくる。『頑張ってくださいね』とか『一緒に頑張りましょうね』と言ったけど、なんと言うか、本当に心が苦しくなったというか。一人ひとり違うんだということを意識したんですね」

そこから、政治家としての自問自答が始まる。政治は何をすべきかというテーマだった。

「いま一番やろうとして動いているのが広域の瓦礫問題。現地は大変です。これをほかの地域が受け入れなければ何も進まない。ところが、受け入れる自治体が少ないんですよ。反対の自治体もたくさんありますよね。検査をして放射線の心配もないというのにそれを受け入れない。党レベルでは難しい。選挙区によっても事情や温度差があるから。だから小さいかもしれないけど独自でやってるんです。神奈川県の人たちや選挙区で受け入れられないか。政党としてやれないから、じゃあやらないということはおかしい。私ができることをやるだけです。だって、助け合う、互助の精神、支え合うってそういうことですよね。簡単な真理ですよ。だからひとりでやるんです。（受け入れは）もう少しのところまで来ているんですが……。私の被災地への思いは、地元の後援会や若い仲間も理解してくれています。会津若松市と横須賀市は姉妹都市なんです。私の仲間も何かできないかと。この前、横須賀市内に会津若松市のお店をオープンさせたんですよ。私にできることをやる。政治家として当たり前でしょう。与党とか野党とかいう問題じゃないんです」

被災地に通いながら、進次郎はどう変わっていったのか。

「行くたびにどんどん意識が変わっていったんですよ。被災地に何度も足を運んで、一人ひとりと握手して、手を握って、目を見て話をしてきた。そういうことをどんどんやってきた。そこで、私の政治行動はすべて変わりました。政治の原点が見えてきたんです。はっきりとね」

その原点とは、堅苦しい理念や理論ではなかった。

「政治とは簡単なことなんですよ。困っている人を助ける。ただその一点、それしかない。そのために自分に何ができるか、実行できるかということなんです。たとえ瓦礫だって、わずか数トンだっていいから自分の選挙区の仲間たちと相談しながら受け入れようと実行する。そういうことだと思うんです。困っている人のために政治があるんです」

進次郎は、被災者一人ひとりと手を握り合った。それは、選挙区や全国各地で、歓声とともに集まってくる人たちのそれとは違った。ここにも、政治家の貴重な経験を得たという。

「被災地で握手してね。どの手も全部違う。一人ひとりに、それぞれの訴えがある。こうして欲しい、ああして欲しいと。そうやって選挙区に戻ると、同じようにいろんなことを考えるようになりましたね。小さなお祭りや集会、餅つきとかね。あるでしょ。そういうところに足繁く通って、しっかりと握手して、困っていることを聞いて……。それを解決するのが政治なんだなあと。一人ひとりの声を聞くために回るんだと。意識が変わりました。被災地が教えてくれたことは、私にとって、政治家・小泉にとってものすごく大きい。教えてもらいました」

個々と話したからこそ気づける問題

進次郎が被災地を回っているときのこと。津波被害にあった事務所を片付けている小さな会社に飛び込んだ。泥をかぶった机や椅子などを一緒に片づけながら、社長や社員ら一人ひとりと話し、失業手当問題を知った。

この問題は、被災地の失業手当受給者が復旧活動などに携わる場合、その当時の仕組みでは会社の命令だと失業手当がもらえないというのだ。これだけの災害である。会社の命令か自発的かなど関係ない。みんなが、手の空いたときに駆け寄って必死に復旧や片づけをしているのに、そこへ杓子定規の手当の規則がのしかかっていたのだ。

東京に戻った進次郎は、委員会で当時の野田佳彦首相に対して、自発的であろうが会社の依頼であろうが失業手当を受け取れるように仕組みを設けるべきだと主張した。野田首相は「極めて建設的な提言」とこれを受け入れ、わずか1週間で改善されたのだった。

また、進次郎は一人ひとりとの握手を実践しているが、たとえば「どんな小さな集落にも分け入って辻立ちしろ。すべての人と握手して話を聞け」とは、かつては故田中角栄、現在では小沢一郎などが若手議員に口酸っぱく言う台詞だ。だが、若手たちは、これを選挙に勝つ手段だと理解している者が多い。何カ所回ったとか、何人と握手したとか。だが違う。手段ではなく政治の原点なのだ。角栄ら先人が言いたかったのは、進次郎の言うように「票集めのためじゃなく、一人ひとりの声を聞くため」なのだ。

角栄は「まあ（若い連中は）最初はそこまで分からなくても回らないよりはいい。いつか分かるだろう」と苦笑していたというが、進次郎は、そこにあるのは政治の原点だと、若手議員ながら被災地から感じ取っていたのだ。

「あとはずっと継続して行くことなんです。自分に何ができるか、青年局長として何ができるか、私の仲間と何ができるか。だから、来週も通うんです。ライフワークと言っていいです。そして、10年後の東北を想像するんです。ある程度復興して、そのときに地元の人、一人ひとりと酒を酌み交わしたい。ああ、ここまでやってきたね、と。10年後を想像するんです。そして、そのためにいま何をすればいいかをずっと考えています」

震災の翌年の2012年2月10日、進次郎は、党本部で記者会見した。自らが局長を務める自民党青年局で、被災地に何ができるのか、それを継続的に行うチームイレブン（3・11を文字って）活動を発表したのだ。

「これから毎月11日に、自民党青年局のメンバーたちで継続的に被災地に入ります。被災した方々一人ひとりの話を聞いて、その声を国会に届けたい」

地震発生直後から、常に与党も野党も関係なく、決して派手ではないが、自分にできることを進次郎は地道にやってきていた。そして青年局長（2011年10月就任）としてもやれることがあると、毎月11日に被災3県を青年局のメンバーと一緒に視察し、住民の声を聞きながら政策を提言し、即解決すべき問題には取りかかろうというものだ。

この発案に、青年局の自民党議員たちは当然賛同した。

「継続していくことが大事なんです。すでに鎮静化しているという空気が（永田町には）

ありますよね。でも被災地は何ひとつ解決していない」（当時2回生議員）

進次郎が記者会見した翌日の2月11日、チームイレブンは早速喫緊の原発事故問題を抱えている福島県に入り、第一回目の活動を開始した。避難所では、「一人ひとりの声を聞く」ことをメンバー全員が実践し、除染問題に悩む地域を回った。毎月11日なので次回は、もちろん3月の11日――。ところが、ここで進次郎の政治判断が光る。

毎月11日に継続的にと言いながら、3月11日には行かず、次回は4月11日だというのだ。なぜなら、3月11日は発生からちょうど一年。現地は様々な供養や行事がある。何より、被災した人たちがそれぞれの胸に苦しい思いを再び抱き、そして自問自答するだろう。「そんなときに、のこのこ視察するなどということは、人間として許されることじゃないという進次郎さんの判断」（青年局メンバー）なのだ。

現地に何度も足を運び、生の声を聞いて対話してきた進次郎氏だからこそ思いつくのだろう。

自民党が政権復帰して、進次郎は自ら希望して復興大臣政務官に就いた。

2015年4月には、福島県広野町に「ふたば未来学園」を開校させた。講師陣には「今でしょ」の林修予備校講師や俳優ら、校歌は秋元康氏がプロデュース、進次郎も教壇に立ち復興を担う人材育成が目的だ。「発想講師陣のメンツも知名度のある進次郎さんが復興庁や文科省などに働きかけてきたからできた」（福島県庁幹部）ものだ。

しかし、一方では、「閣内や党内に、進次郎氏に対して注文が増えてきた」と進次郎を支持する中堅議員は続ける。

「たとえば被災地活動においても、官邸や党幹部などから必要以上の活動や発言には注意しろと言われているそうです。総理への道が現実味を帯びてきたことで、生意気言うな、調子に乗るなといった嫉妬のような空気が生まれてきていると思います」（同中堅）

安倍首相側近の一人は進次郎氏の復興一本やりに「いずれ総理を目指すならあらゆるポジションを経験した方がいいのに……」と批判的だがそれは逆ではないかと私は思う。

進次郎と委員会で接しているベテラン議員も「被災地にはすべてがある。財政、社会保障や労働問題は厚労省、産業再生や振興は経産省、農水、基盤整備は国交省。ないのは外交ぐらい。つまり被災地にはもう一つの政府がある。これらをやれば首相の英才教育だ」と進次郎の方向性を評価するが同感である。

10年後に東北再生を目指す

その進次郎。2015年の内閣改造で、入閣の声に反して再び復興関連に携わる党務などを希望した。安倍首相も、もう勝手は許さないとばかりに、TPP（環太平洋パートナーシップ協定）に反対する農業団体などを処理する党農林部会長に就けた。

しかし、私は進次郎の政権構想や時間軸には、引き続き「被災地復興」がその中心にあると思う。キーワードは「10年」である。

いま「進次郎2021年決起説」が自民党の若手議員らの間に流れている。この年は東京オリンピックが終わった翌年だが、進次郎自身「五輪後に日本は人口減や景気後退で大変なことになる。自分たちの世代の出番」と話している。突発的な政変がなければ2021年は自民党総裁選の年。「党青年局長時代に信頼関係を作った全国の地方組織の青年議員たちがその頃実力者になっていてみんな進次郎支持。総裁選の地方票は圧勝」（自民党ベテラン）である。

一方では、進次郎は必ずしも自民党にこだわらないかもしれないという。

「進次郎氏は、そもそもいまの安倍首相や自民党が打ち出している成長戦略や強い日本は少子高齢化などを考えればそれに合っていないと思っているし、本音は脱原発。自民党とは方向感が違う。総裁選に出馬すると同じぐらい、党を飛び出して『この指とまれ』で新しい政治勢力を作る可能性はある」（自民党若手議員）

そして2021年という年。前述したように進次郎は私に「被災地に10年通います。そして、10年後に被災地の人たちと酒を飲んで振り返りたい。その時に後悔しないようにいますべきことを全部やる」。その10年後というのは2021年だ。

東日本大震災の復興こそ政治との信念を持つ進次郎が2021年、そこに確実な東北再生の道筋をつけ、そして、次世代の政治家代表として決起する――。そんなシナリオが見えてきている。

（2011年12月・国会内、自民党本部などにて）

Column 06

終わらない3・11
アンダーコントロールの虚実

「根本的な組織文化とか考え方とか作業の環境とか、そういったことを含めて相当根が深い」（原子力規制委員会の田中俊一委員長）

東京電力福島第一原発は、２０１４年に入って次々にミスやトラブルが明るみになった。

2月19日には汚染水配管の弁の誤操作で約１００トンの汚染水が漏えい。このほかストロンチウムの測定の誤りが発覚。また、燃料貯蔵プールの冷却装置の停止、そして、「ＡＬＰＳ」と呼ばれる浄化装置が停止するなどが続いた。

私は年明け、数人のジャーナリストとともに、福島第一原発の作業にあたっている作業員を囲んで話を聞くことができた。

その声は、ある意味切実だった。どうすることもできないという諦めに近いものだったからだ。

「人が足りない。危険な作業にわんさかと人が集まると思いますか。何をするのか、なぜ、それを何のためにするのかといった認識や教育がないまま当たっている場合もある。とにかく人が足りないんですよ。そしていったい何年かかって何が変わって行くのか。作業が長い人など表立っては言いませんが被ばく量が増えているという話もあるんです。そんな手探りの中で、この仕事に対しての使命感といったって簡単には湧いてこないでしょう。目の前のことを、少ない人数で、言われたままにとにかくこなすことで精一杯です」

つまり、東電という一企業にすべてを被せて福島を解決させるのは「能力的にも物理的にも人的にも不可能かと思う」（同作業員）

国が主導権を持って、汚染水や廃炉は前面に出てやらなければならない。そこには何兆円という膨大な国費（税金）の投入も必要になってくる。ならばそれを国民に納得させるためには、東電を破たん処理することも考えなければならない。覚悟とメリハリと国民が納得する形での福島原発への取り組み――、それこそがいま安倍政権へ求められているのだ。IOC（国際オリンピック委員会）総会で安倍首相が高らかに「汚染水はブロックしている」「コントロール下にある」「国が責任を持ってやる」と宣言した。なのに実態は、何一つ動いていない。

「国の責任」とはいったい何なのか、「国がやるべき福島の処理」とは何なのかを、安倍政権も与党自民党も分かっているのだろうか。

東電生き残りに異論

安倍首相がＩＯＣで封じ込めを宣言した直後の２０１３年秋、与党自民党内に特別措置法を作る動きが出た。それは、今後、国費を必要に応じて使えるというものだった。

確かに、安倍首相が「国が責任を持つ」と国際公約した以上、必要に応じて柔軟にいつでも国費投入できるようにしておかなければならない。安倍首相に近い自民党の政調担当幹部らは、いわば「首相を援護射撃する」ためにそうした法整備を進めたのだが、これがあまりにも「浅薄」なものだったのだ。

「国費を投入するということは、国民の納得が得られるかどうかだ。ということは、まず、東電という企業をきちんと破たん処理して、株主責任なども取らせたうえで、そのあとで国費投入というスキームを作らなければおかしい。ところが、特措法はただただ国費を自由に使えるという内容だった」（自民党中堅議員）

これを進めたのは、安倍首相に極めて近い高市早苗政調会長（当時）や政調幹部たちだったという。

「政調会長らが作ろうとした特措法は、とにかく目の前の安倍さんの国際公約を助け、国が率先して汚染水対策に国費をつぎ込んでますよと国際的に見せられればそれでいい。福島を解決するにはどうすればいいのかといったポリシーがないいい加減なものでした」（同）

結局この特措法に対して、自民党内で異論が続出。特に、塩崎恭久元官房長官や河野太郎衆議院議員ら、原発問題についてこれまでの自民党の政策を反省し、変えるべきは変えるなどもっと真正面からとらえようという面々が猛反対した。その結果、特措法は「東電に責任を取らせずに国費というのは筋が通らない」という意見だった。その結果、特措法は潰れた。

経産省OBは、福島原発を取り巻く問題点をこう指摘した。

「原発に関連する法律（電気事業法、規制委員会設置法等）は、そもそも安全神話に基づいているから事故を想定していない。もちろん誰の責任か、また罰則などもない。それを盾に、政府は、事業者である東電が事故関係を処理するのは当たり前という姿勢をとり、しかし東電が手に負えなくなってくると、政府がいかにもやってやるという感じで出てきてあれこれ発言する。政府は本格的に乗り出したら最後までやらなきゃならなくなるから、法律がないのをいいことに適当にうまく距離を置いてきた」

福島について、政府のこうした「必要なときだけ介入してアピールするやり方」に、東電も本音では不満を持っている。しかし、だからと言って事業者としての当事者責任は免れない。東電が享受すべき「福島の清算」は必要だと前出ＯＢは言う。

「福島についてみんなが納得できるのは、やはり東電を破たん処理して、そのあと国が前面に出て国費を使って解決することしかない。東電は企業再生と受け止めればいい。時と場合によって汚染水処理を東電に任せたり、国が首を突っ込んだり、そんな中途半端ではこれから先一歩たりとも前へ進まない」

怒りの福島「原発再稼動」

「他人事なんですよ」

ちょうどその頃原案が示された政府の新エネルギー計画案について、民主党の増子輝彦副代表（当時）は憤る。

増子氏は参議院福島選挙区選出。実は増子氏は、２０１３年４月、福島第一原発の汚染水タンクの設計が杜撰であることを業者などから聞き出し、エネルギー庁に「タンクを早く点検しなければ汚染水漏れする可能性が高い」と伝えたのだった。

しかし、省内では増子氏の情報は伝達されず、結局、夏になって汚染水漏れが発覚。原因は増子氏が指摘した通り、まさに安価なタンク製造の溶接方法にあったのだ。

「エネルギー計画を見て呆れました。福島の被災者の心の痛みに向き合い、寄り添い、ここがエネルギー政策を再構築する出発点と書いてある。また、エネルギー政策に奇策は通用しないとも書かれている。でも私に言わせれば、福島の汚染水処理もまだ、除染もまだ、14万人が避難して帰れないまま、事故原因だってまだ……。そんな中でほかの原発を再稼動させたり、海外に売ったりすることが奇策ですよ」

増子氏は、何より放射性廃棄物の処分場について最重要課題だと強調する。再稼働させるというなら高レベルの廃棄物はどうするのか、そして福島にいま山ほどある中低レベルの瓦礫や草木、土などはどこへ捨てるというのか。

2月8日、民主党の福島復興推進会議で、安倍首相の責任を明確化するため、使用済み核燃料から出る高レベル放射性廃棄物の最終処分場を、なんと首相の地元の山口県に建設するという案を提言することを決めたのだった。

この過激な案は増子氏が主張したものだったのである。「オリンピック招致のときに世界に向けて福島コントロールされていると発信した首相の責任は重い」と先鋭的な批判を安倍首相に向けたものだった。

しかし、結局党内から「やり過ぎ」「原発については民主党にも責任がある」などといった慎重論が出て、この「山口県処分場建設案」は提言から取り消されたという。

「永田町も霞が関も、残念ながら民主党も、結局風化してるんですよ。私はフィンランドのオンカロをはじめ世界の処分場も見て回った。小泉（純一郎）さんの言っていたことは正しい。福島の廃棄物なんかどこも受け入れてくれませんよ。福島は何も解決していない。エネルギー計画だってまだまだこれから私は徹底して戦うつもり」

また、私の旧知のある福島県庁幹部に、エネルギー計画案について訊ねたところ、こんな本音を語ってくれた。

「正直言って、これまで原発を受け入れることで地方自治体は恩恵を受けていた。そうした事実から私たちは逃げることはできない。だから偉そうに事故の被害者面《づら》できない部分があるんです。うち（福島）だけでなく、他の原発立地自治体も同じです。だから今回、再稼動という方向になって、中にはホッとしている地方自治体もあるんだと思います」

しかし、事故から3年が経ちすべてが進まず、国も東電も責任を明確化せずに場当たり的に対応している状態を納得しているわけではない。

「事故が起こったら自治体がなくなってしまう。町が消えてしまうということなんですよ。エネルギー計画はおかしい、再稼動反対と言うべき時期にきたのかもしれません。他の原発立地自治体は、『お前のところも散々恩恵を受けてきて事故があったら今度は反原発かよ』と嫌味を言われそうですが（苦笑）。でもうち（福島）が声を上げなければならないでしょう。福島はこれから何らかのメッセージを出すべきなのかもしれません」

自民、与野党の反原発派が協力

こうした中で、原発に対して与党・自民党の中からも政府の再稼動方針に異を唱える動きも出てきた。

「先の東京都知事選挙では小泉純一郎・細川護熙元首相コンビが原発ゼロで決起したが、彼らの反原発政治勢力結集のリーダー候補が河野太郎氏です」（細川氏のブレーン）

河野氏は、「自民党エネルギー政策議員連盟」の代表を務め、議連は年明けに、「原発再稼動は総選挙の自民党の公約違反」、「自民党の姿勢について反省するとともに、原子力政策がなぜ推進されてきたのか、特に電力業界や原子力を推進してきた官庁との過度な相互依存関係がなかったかなど検証を行う必要がある」などと政府に申し入れた。

河野氏らはこれから将来にわたってどう動いて行くのか。議連のメンバーの一人が言う。

「今後、議連が中心になって、東電破たん処理の法案について勉強会を続けて行きます。これを議員立法でやりたい。今後国が主体になって福島の処理を進めていく前提として、破たん処理すべきだというのは、与野党かなりの賛同が得られるんじゃないかと思います。国会でとにかく原発についての議論を継続していくことが大事です。そうやって原発関係の法律をどんどん作っては出す、そして国会で議論する。提案者の数が足りない時には野党の反原発の政党の協力も得ます。共同提案していくことによって野党再編の核にもなるかもしれない」

政治は福島を「先送り」し続けて行くのだろうか。国が覚悟を持って責任を引き受けない限り、視界は決して開けない。

（初出『サンデー毎日』２０１４年2月28日号を改稿）

事故当時、水素爆発が起きた福島第一原子力発電所４号機。

Column 07

廃炉の前にやることがあるだろう

責任がはっきりしない原発事故

交通事故が起きた。

交差点で車同士が衝突する物件事故。車は双方ともグシャリと壊れたが、運転者二人に大きなケガはなかった。

さて、まずやることは事故処理だ。警察が来て、どちらの運転者の過失だったか。現場検証し、大破した車を調べ、事情聴取してみると、原因はともに信号の変わり時に突っ込んできたことが分かった。そして、結局責任の割合は一人が8、もう一人が2ということになった。これに合わせて保険会社が話し合って損害額も決まった。また、けがはなかったが将来打撲の後遺症なども出ないとも限らない。保険会社がその辺りも確認して、事故処理は終わった。そして、最後に双方の車だが、大破しているから廃車手続きをとることになった――。以上である。

さて、これを「福島第一原発事故」に当てはめる。

まず、事故のあと真っ先にやるべき事故処理が、まだ何ひとつ終わっていないのである。たとえば事故原因については政府の事故調査委員会が検証したが、時間を追うごとにさらに様々な事実が明らかになってきている。

「福島1号機の建屋で爆発したのは5階とされてきたが、最近調査メンバーが入って調べたところ4階ではないかという結果が出てきた。場所が違うなら、爆発は単に津波の影響なのか、建屋の構造など問題はないのかなど根本から再調査しなければおかしい。原因をきちんと処理しなければ、他の原発の安全性などにももろに関係してくる」（元原発技術者・NPO理事長）

責任だってまだはっきりしていない。エネルギーは国家プロジェクトであるにもかかわらず、原発は事業者（この場合は東京電力）の責任であることが法律などで規定されている。では、100％東電の責任か？　そうではないだろう。

「政府は安全神話と費用も安いと原発を進めてきたが、事故が起きればここまで危険で、事故処理のためにこれからどれだけ金を必要とするか無限大。政府の責任は大きい」（社民党幹部）

つまり福島第一の事故は、たとえば交通事故のように国や事業者など関係者たちが何割ずつどこまで責任があるのかをもっともっと国会で議論してはっきりさせ、賠償額は誰がどう払うのか、将来被ばくなどで健康被害が出てきたときにどうするのかなどは曖昧なままなのだ。

事故処理をしてから次の一手を

そして何と言っても「汚染水」は止まっていない。事故処理の道のりは遠く、加えて「地下水の流れを地下で止める凍土壁工事は凍結開始が3月から4月にずれ込み、敷地内のタンクに貯蔵している高濃度汚染水の処理も大きくずれ込んでいる」（東電）という状態だ。

政府は、福島原発については選択の余地なく「廃炉」を決定している。当然だ。しかし、事故処理もろくに終わっていないのに「廃炉」ですべてを終わらせようとする空気になってはいないか。交通事故現場でまだ事情聴取も補償も決まっていないのに、現場をきれいに掃除して「廃車」にしてしまえということだ。

しかも福島の事故処理もきちんと終わらぬうちに政府は「再稼動」へ環境整備を進めている。経産省OBは「九州の川内原発や福井の高浜原発などを3月にもという動きでしたが、それだと統一選にも影響が出る。選挙のあとにという政治判断もあり再稼動の次のタイミングは夏前と見ています」と話す。

私は、単純な政治の責任の話だと思う。日本がはじめて直面した大規模な原発事故。二度と起きてはならない。事故処理をきちんとしてこそ次へと行けるのだ。再稼動を急ぐ理由が分からない。

（初出『アサヒ芸能』2015年3月18日を改稿）

（注）なお、2015年検察審査会が原発事故には過失があると起訴を議決。東京電力の勝俣恒久会長ら3幹部が業務上過失致死傷罪で強制起訴され、法廷で刑事責任追及が行われている。

鼎談

「東日本大震災が問いかけた危機管理」

森民夫（長岡市長）×小野寺五典（元防衛大臣）×鈴木哲夫（ジャーナリスト）

復興は「現場」に任せ「縦割り」を排除せよ

鈴木　東日本大震災から1年が経ちました。新潟県の長岡市長、そして全国市長会の会長でもある森民夫さん。2004年の新潟県中越地震で陣頭指揮をとり、今回の東日本大震災は政府の復興構想会議のメンバー。そして、政治が、国会が何をすべきか。実はご自身も宮城県の気仙沼が選挙区で、ご自宅も流されるなど被災者でもある自民党衆議院議員の小野寺五典さん。3人で、あらゆる角度から、東日本大震災が問いかけている日本の危機管理の問題点を話してみたいと思います。まずは森さん、口火を切っていただきます。

森　政府の復興構想会議の部会長代理として、2011年の4月から5月、2カ月間で20回くらい会議に出てると思います。いろいろ批判もあったんだけれども、最終的にまとまった報告書の理念のところは、非常にいいものができたと思っているんです（本誌末尾に報告書基本原則添付）。「現場主義」っていうのを打ち出していて、災害の状況も地域によって千差万別だから、復興の主体は市町村とか都道府県がきっちりと、状況に応じてやるべきだという「現場主義」の理念が色濃く出てたと思うし、そのための交付金とか特区だとか、いろんな手段まで言及した計画だったたと思ってます。

鈴木　こういう大災害のときには、政治主導もいいけど遠慮なく官僚の知恵も借りるべきだし、野党の知恵も。さらに、経験のある森さんとか、たとえば長く官房副長官として官邸におられた官僚の石原信雄さんとか、そういう人たちをどんどん官邸に呼んで、復旧、復興などにあたるべきですね。政官も与野党もない。

森　私は、新潟県中越地震で全国からお世話になった恩返しのつもりで、2カ月間に20回東京に通い、復興の報告書も経験を活かして取り組みました。あとで話が出てくると思いますが、その報告書で理念として打ち立てた「現場主義」が、時間が経ち、首相が交代したりして（※2012年には発災当時の菅直人首相から野田佳彦首相に代わっていた）しっかり引き継がれていないんじゃないかという気もしていますね。

鈴木　交付金の使い方とか……。

森　いい点と悪い点は裏腹でね。でもそれが具体的な政策にブレイクダウンしていくときにまたいろいろ官僚主義が出ているんではないかと、そこは残念ですね。

鈴木　小野寺さんは国会議員ではあるんだけど、その前に今回は当事者でもあった。だからこそ感じる問題点があると思うんですが。

小野寺　与野党協力して作ったいくつかの法律、制度があって、特に財務省を通じて初めてできた、工場など「民間」に直接支援のお金が入る「グループ補助金」という制度は良かったと思います。これまでは組合とか役所とかそういうところに国からの災害復興のお金が入っていました。民間企業に、公的なお金が直接入るというのは個人の資産を作ることだということで絶対に財務省は了承しなかったんですね。ところが今回はじゃあそういう民間の企業、冷蔵庫、水産加工場がグループを作って、いわゆる「仮の形の組合」みたいな扱いにしてここにお金を入れる仕組みを与野党協力して財務省を説き伏せ作ったんです。ですから、民間が使い勝手のいいように補助が直接入るようにしました。与野党が協力して予算も取ってできたいい例です。悪かった点はヤマほどあるんですが、とにかく一つ言えるのは、せっかく森さんはじめみなさんにいい復興の指針を作っていただきましたが、結果として最後に役所の壁とかやっぱり国からのうしろからのひもがしっかりとついてるものが様々あって……。

鈴木　この期に及んでもまだ縦割りとかひも付きとかあるんですか？

小野寺　ええ。たとえば瓦礫を撤去する際に、もうあれだけ全面やられてますから、全部一斉に壊して撤去すればいいでしょ。ところが現地を歩くとまだいろいろな建物が残っている。国がお金出すものが決まっているんです。それぞれ県の持ち物とか市の持ち物とか、国の持ち物とか、大企業の持ち物とか、誰の所有物かによって、国が出す場合と出さない場合がある。そうすると同じ水産加工場でも気仙沼の地場の工場の壊れたものは国の対象であった場合撤去するけど、浸水している大きな水産会社の工場は国と関係ないからそのまま残っている。現場では、瓦礫の撤去を仕分けして、持って行ったりその場に残したりしているんです。一気に瓦礫撤去をやればあっという間に終わるんですが、いまだにそういうものが残っていて。ですからなぜ壊さないんだって住民は思っているんですが、いや、この建物は銀行だから銀行が自分で壊す、この建物は公民館だからこれは市が壊さなきゃいけない、とか。一気に壊せば早いのに。

鈴木　そんなことやってたらいつ片付くのか。

小野寺　もっと言うと、壊れた家や建物のあとを見ると、いまもあちこちで土台が残ってるでしょ？　あの土台を国が撤去するかどうかで1カ月以上かかったんです。上物はそれぞれ持ち主の責任、じゃあ土台は誰がやるんだともめるんですね。土台撤去すると田舎ですからその下に合併浄化槽があるんですが、あの浄化槽を撤去するのは誰だということでまた協議が始まる。常にこういう壁にぶつかって、わざわざそれを東京で省庁に行って大臣に直接折衝することがザラなんです。こんなことは、現地では例外で市町村などに権限を与えて現場で決めればいいんですよ。

鈴木　森さんはもともと霞が関におられて、長岡市長になられて、その矢先に例の中越地震があって。国から地方までそういう行政の仕組みや硬直した部分など全部知り尽くした中で、いまの小野寺さんの話なんか聞くとやっぱり構造的な問題っていうのはあるってことなんですか。

森　そうですね。構造的な問題は、一つは現場を知らないということ。もうひとつは縦割りということです。たとえば、復興交付金の事業にしても40事業がそれぞれ5つの省庁(国土交通省、農林水産省、厚生労働省、文部科学省、環境省）にぶらさがっていて、それを復興庁が取りまとめることにはなってるんだけど、被災地から申請が出たら5省庁がそれぞれ40事業に合致するものかどうか精査して合っていれば交付金を出すという。結局ハンコが一つ増えただけだという声もありますよね。

小野寺　せっかく復興庁ができて交付金制度ができたのに、対象事業が決まっていて、5つの省庁にまたがっている。それぞれこの省庁の最終的には裏書がないと認可されない。そこに、各省庁の権限を残したりしているのはどうなのか。たとえば最近起きた事例ですが、福島の壊滅的な被害を受けた農家の人が、復興を目指して今度は野菜を作るだけでなく工場も作って加工までやることにした。野菜ですから40事業の中の農作物関係に当てはまるだろうとその自治体の首長が農水省に申請を出したら、工場だから経産省でしょうと突っ返された。すると今度は話を持って行った経産省は、野菜も作るならうちには当てはまらない。うちは純粋に工場の部分だけだと。いろんなことにまたがる工夫の場合は、省庁が縦割りで、うちの省庁じゃないとか40事業に入らないとかうまく行かないんです。

森　復興庁はできたばかりでしょう。担当者も熱意があって一生懸命だと思うので一概に非難すべきことではないのかもしれませんけど、省庁には補助基準というのがありましてね。道路なら何メートル以上なきゃいかんとか、部品がどうだとか、どういう道路じゃなきゃいかんとか、そういういろんな基準があって。官僚経験者だから分かるんだけど、この基準というのは公平を保つためにどんどん細かくなっていくんです。

鈴木　つまり官僚というのは、たとえばAという市でやってもいいことがBという市で悪いというのでは不公平で困る。ならばどちらに合わせるかというとA市をむしろB市に合わせるんですね。厳しい方、小さい方、低い方に合わせるということですね。

小野寺　そういう体質なので、ある意味当たり前の使命だと思っている省庁や官僚に不公平を冒してまでやれというのは無理があるのかもしれない。ならば、それを省庁や官僚がやるのではなくて、政治が出てきて判断をして責任を取らないと前に進まない。この土台の撤去はどこがお金を出す、下の合併浄化槽の撤去は誰が出す。これは政治が出て、どこが出すかを判断すれば現場の役人の担当者も官僚もスムーズにいくわけです。やっぱり、本当は政治が現場に出て一つひとつ決めていく、それが危機管理ですよね。

被災地に真に生きる「交付金」のあり方とは

小野寺　新潟県中越地震のときには基金という形を作られましたよね。自由に考えられるお金が来て、いろんなことに細かく対応ができたと聞いていますが、東日本大震災の場合はこれだけ大きな被災ですから、どうしてもメインは国からのお金になる。基金制度にしたところでやっぱり最終的にはどっかの役所が必ず何かの形で監修をすることになり使い勝手が悪いんです。

森　国から出ているお金ということは公金ですからね。必ず議会のチェックがいります。

でも、チェックを受ける側、つまり復興のために市町村なり民間企業なりが何か事業を考えても、厳しいチェックがあると思うとやっぱり臆病になる部分がある。それから、せっかく予算つけてもらったけど、熟度が足りなくて事業が途中で挫折したりすると、これは無駄だったという批判を市民やマスコミなどから受ける。国からのお金を思いきって被災地の使いたいように運用するのは元々無理があるんじゃないかとも思います。

小野寺　現実に政府は1次補正、2次補正、まあ3次補正もありましたけど、1次2次の補正だけ見ても、いまもまだその8割が事業に着手できてない。使う仕組みや制度や許可に問題があるんじゃないでしょうか。やろうとすると、これダメ、あれダメ、法律にないっていう、表には出にくい行政の実態がいまの被災地の現状です。

森　だから、中越地震の場合、僕たちが作った「基金制度」がすごく役に立ったんです。これは県と市が協力したひとつの委員会があり、そこが了解すれば実施できるという制度だったんですけどね。

鈴木　森さんご自身が陣頭指揮をとったあの中越の時は、基金制度にしたことでお金に自由度があったということなんですね。

森　「復興基金」という制度は、元々は公のお金も入ってますけど、これを財団法人という形に置き換えて、その理事会で配分を決める仕組みなんですよ。ですから東日本大震災の復興交付金のような既存の40事業にはない現場の知恵が入るんですね。たとえば非常に役立ったのは全村避難した当時の山古志村。現在は合併して長岡市ですけども、バス路線の営業が成り立たなくて廃止になったんですが、そうすると住民がNPOを立ち上げて住民組織でマイクロバスを使ってバスの運営をすることになりました。そこで、マイクロバスの購入費とか、運転手の人件費をその「復興基金」で出すということができたんです。

小野寺　私がすごいなと覚えてるのは、映像で見た山古志村の牛。あれをヘリコプターで吊り上げて逃がしたじゃないですか。あれも実は「復興基金事業」で多少お金かかったけどやったんですよね。今回の福島の家畜を見たら、みんな現場でつながれたまま餓死してるとか共食いがあったじゃないですか。やはり自由度が高いお金があれば、現場しか分からないような重要なところに使えるわけですよ。よっぽど効率的だと思います。

鈴木　基金という仕組みにする意味は大きいと。

森　交付金とそうでないものの違いですよね。「復興基金」というのは元は公の公金が入ってますが、財団法人のお金という位置づけに変えますから、議会のチェックもありませんし、みんなの発想で、たとえば住民にどういう事業が必要かを公募して、被災者から応募があった事業を選定して、配分することができるんですよね。現場の知恵がいろいろ出てくるわけですから、さっき言ったバスの事業とか、集落のコミュニティー施設を作るとかね。集落にあった集会場が地震で壊れてしまった。集会場は村にとってコミュニティを維持する要なんですね。そのような施設を作る補助事業は現在はありません。だけどすごく大事なものなんですよ、復興のためには。そういうものにもちゃんと使うことができたわけです。

鈴木　今回、基金にはできなかったんですかね？

小野寺　基金制度を相当要求しました。中越地震のことを知っていましたからその経験を活かして基金にしてほしいと。でも財務省が「基金制度」というのを最後まで嫌がりました。基金というのはお金だけ出して、自分たちが口が出せなくなる。これをいちばんに役所は嫌うので、結局「今回これだけ大きな規模の災害だから、莫大なお金を扱う基金制度は無理だ」と。最後まで、財務省の言いなりだった政権をやっぱり崩せませんでした。ですから最終的には「交付金」という形になってしまったんです。「交付金」であっても被災地からこれをやりたいと提案してくるとなんだか自由度は高く感じられるし、同時に特区も考えるなどと政府は言っていますが、結局5つの省庁の40事業に限られる。その狭間とか、またがった事業とか、そういうものを被災地の自治体や民間の人たちが国に申請すると、毎日毎日ぶつかって5省庁の間を駆けずり回って交渉したり調整してもらったり門前払いを食ったりしているわけですよ。

鈴木　国民は復興税にも応えて支援しようと思っているわけで、そうして集めたお金が有効に使われないと大問題じゃないですかね。

森　現場のニーズに合わせるっていうのが基本ですよね。オーダーメイドっていうかな。だけど40事業の交付事業って基本的にはレディメイドでしょ。元々ある事業を40合わせて、それをワンパックでやるというものですから。

小野寺　あれだけ予算を使って、1年経つのに、まだ2割くらいしかお金が使われてないと。これはいかに使いにくいかということでしょう。やっぱり何かが欠けてるとしか思えません。お金がこれだけ使えないというのは。

森　もう一つは、確かに査定をすれば公平性が保たれるし、ある意味での無駄もなくなるとは思いますがその査定をするためのエネルギーですね。しかし、査定をする側に国がいて、査定される市町村からこの事業の資料を出すわけですよね。そのやり取りにおけるエネルギーの浪費は大変なものです。本当に嘆いている被災地の首長さんがずいぶんいらっしゃいますね。

小野寺　交付金を使いたいからと査定をしてもらったり許可をもらうために毎日その書類と文書を書く。そして、指摘されたところの状況を調べて、そのことで忙殺されて。ですから、被災地の市町村の第一線にいる役人は市民の声とか住民の声とか聞くような余裕ないんですよ。もう必死になって書類書いてるんですから。

鈴木　災害時、有事に何をやってるのかという感じですね。

森　僕はやっぱりコペルニクス的な展開が必要だと思っています。本当に日本人っていうのは清潔好きできっちりやりたがるでしょ？　でも、「復興基金」っていうのは、ちょっと怪しげなものも入ってくるわけですよ。それが本当に役に立っているならいいと思えば、公の金も生きる。こういうとき、これは国民も許すと思いますけどね。

小野寺　大災害って時間との戦いですから。なのに必ず立ち止まって、この書類は、この数字はどうなんだと、その精査を緻密にやればやるほどまた遅れてしまう。復興しようと思う方々も諦めて、事業を辞め、生活保護になったり、地域からいなくなったり。この毎日を見ているともう胸が張り裂けそうです。

森　限られた予算の配分の中であまり不公平なことをやっちゃいけない。それから総額が天井知らずになっちゃいけない。それも分かります。でもね、そのために使い道をチェックしてやると、それはもう小学生以下でしょう。子どもに小遣いを与えるときに高校生くらいになればお前の工夫でやれと。失敗したら君が損するだけだよっていう教育があるじゃないですか。親と子の関係を国と市町村に置き替えたくはないけど、たとえ話です。でも、予算があるから、自分で工夫して節約して使えという方が、結局労力が少なくて済むし、現場に即したものができる。霞が関の、特に財務省の目から見るとこれはいかがなものかというのが出てくるかもしれないけども、そちらの方が節約できるんですね。

鈴木 査定や公平や、そういったものが平時には必要でしょう。お金も公金ですから。しかし、災害のときにもそれを引きずるのは間違ってはいませんか。今回で言えば、ある避難所に何かが必要だと、だけどそこだけにそれを配ると他の避難所と不公平が出るから、じゃあ全部ルール化して、仕組みを作ったあとに配りましょうと。危機管理上はまず必要なことからどんどん打っていくということでしょう。森さんご自身は、中越地震で先頭に立ったときに、不公平覚悟でいろいろな決断をされましたね。

森 危機管理上は、公平っていうことを考えながらも、まずはできるところからやっていくって、僕自身はそういう立場に立つしかなかったです。

鈴木 それを実行されたんですよね。

森 そう、それで不公平が出ればあとで補てんしていけばいいという考え方でした。ところが、自分が官僚をやっていたからよく分かるんだけど、霞が関っていうところは計画の段階から公平にしようとします。結果責任取ればいいと思うんだけどね、僕は。

小野寺 でも、官僚にだけ責任を押し付けるのはどうでしょうか。結果責任取るのは政治家ですから。

鈴木　政治家とは？

小野寺　政治が前に出て、最初は不公平が起きても、そこは最後にちゃんと埋め合わせするからと言えばいいんです。政治家がちゃんと責任も取るしお詫びもすればいいし、それが仕事でしょう。災害時や緊急時に住民とか市民にとってベストなことをやればいいのですから。あとから叱られればいいので。

鈴木　小野寺さんが最近国会で取り上げた津波の予測のシステムの問題がありましたね。

小野寺　実は、宮城県の気仙沼、私の故郷は昔からチリ地震とか津波がある場所なので、海の沖にブイを浮かべ、津波が沖合何十キロに来たら、その高さが何メートルか、それを人口衛星でリアルタイム把握してその情報を使うと町のどこまでどれほどの津波がくるかをシミュレーションするソフトや対応できる機械を作って稼動させていたんですね。今回、あとでそのデータを見てみたら津波の浸水の予測がちゃんとできていて、もしこれが地震のときにいろんなところにオンラインでつながっていたらもっと被害が少なかったかもしれないんです。私は今回の地震の前の2010年の3月に、これをオンラインで気象庁などでも役立てるべきだと、国会の災害特別委員会で質問していたんです。それなのに、その後も情報を共有する仕組みとか手を付けていなかったんですね。

鈴木　なぜ素早くシステムを構築しなかったんですかね？

小野寺　縦割りなんですよ。この沖合の波浪計を設置したのは国土交通省の港湾局。そして津波予報を出すのは同じ国交省の中にある気象庁です。同じ役所内でも予算立てや目的が違うなどなかなか連携できていないんです。私は国会で、このシステムを早く整備して部局同士が連携しろともう一度取り上げました。おそらくこれから、関東も、あるいは東海や東南海も津波の問題があるじゃないですか。そのときにぜひこれだけの有効なデータをオンラインで活用すれば、いまどこまで津波が来ているのか、数十分後にこれだけの津波が来るとか。それを活かしてほしい。（※現在では開示も含め情報共有が進んでいる）

鈴木　「復興」――。言うのは簡単ですが何年かかるか分からない。心の問題含めて。この「復興」で、見落とされがちな視点というのはたくさんありますね。

森　やっぱり僕は、ひと言で言えば「現場主義」。壊れた小中学校の改築とか生活道路ということはもう市町村に任せると。いちいち査定しない。国には基幹の鉄道とか高速道路とか港湾をやって欲しい。これは新潟県中越地震の経験でも心強かったですよ。そういうところをしっかりやっていただけると、被災地の気持ちも明るくなるんですよね。道路が隣の県に通ったとか、橋が、堤防ができたとか。それが僕は本来の国の役割だと思うから、そこへ全力投球してもらいたい。で、細かいことはもう、市町村を大人として扱って「任せるよ」と言える度量じゃないかなと思うんですね。

鈴木　40事業なんていう縛りもですが、早く仕組みを変えろっていうことですかね。

森　なんでもそうですけどね、やっぱり自己責任という形に持っていくとしっかりするもんですよ。僕が地震のときに実際に体験しましたが、被災者のみなさんに対しては選択肢をできるだけ渡して、最後には自分で決定したっていう気持ちがあれば強いですよ。山古志では、2200人全員が避難して、1400人強はその後帰っていますけど、帰った人はみんな自分で時間をかけて決心して戻ったんです。いまでも3メートル50センチ雪がありますよ。そんなところへどうして帰るんだって言われるかもしれませんが自分で決めて帰ってるんだから強いんですよ。だからいますごくみなさん元気です。自治体や行政は、帰ってもいい、帰ったらこんなことはしてあげられる、でも戻らなくてもいい、戻らないならこんなことがしてあげられると決めるための環境整備をするのが役目です。決めるのは自分というのが正しいと思いますね。

鈴木　決めるまで多少時間がかかっても、「復興」はやっぱり待つっていうことも必要なんですよね。

森　それなんですよね。それを上から押し付けるとか、ここへ住めとか、急いで片付けろとか、それだともう不満が残りますよね。「現場主義」っていうのはそういうことなんです。それが僕はキーワードだと思います。

小野寺　災害を前に向かって捉えるということが「復興」なのかもしれません。たとえば海が、津波が来て、沿岸部、湾内、すべてがある意味ではリセットされたんです。前は2、3年経たないと大きくならなかったカキ。津波で沿岸部が一掃されたいま、1年で大きくなって身も柔らかくてすごくおいしくなっているんです。今年、ワカメもものすごくいいものができてます。津波はもしかしたら海の汚れをきれいにさらったのかもしれない。ここで、しっかり港を一から整備して行けば、さらに海の幸はすごく質の高いものが採れるようになるんじゃないか。そんなこともあり、みんなが前を向き始めていますね。

鈴木　お二人のような当事者がいつまでも危機管理の体験を語り継ぐべきですね。

（「鼎談」２０１２年3月・東京にて）

復興への提言

～悲惨のなかの希望～

平成23年6月25日東日本大震災復興構想会議

資料1

復興構想7原則

原則1 失われたおびただしい「いのち」への追悼と鎮魂こそ、私たち生き残った者にとって復興の起点である。この観点から、鎮魂の森やモニュメントを含め、大震災の記録を永遠に残し、広く学術関係者により科学的に分析し、その教訓を次世代に伝承し、国内外に発信する。

原則2 被災地の広域性・多様性を踏まえつつ、地域・コミュニティ主体の復興を基本とする。国は、復興の全体方針と制度設計によってそれを支える。

原則3 被災した東北の再生のため、潜在力を活かし、技術革新を伴う復旧・復興を目指す。この地に、来たるべき時代をリードする経済社会の可能性を追求する。

原則4 地域社会の強い絆を守りつつ、災害に強い安全・安心のまち、自然エネルギー活用型地域の建設を進める。

原則5 被災地域の復興なくして日本経済の再生はない。日本経済の再生なくして被災地域の真の復興はない。この認識に立ち、大震災からの復興と日本再生の同時進行を目指す。

原則6 原発事故の早期収束を求めつつ、原発被災地への支援と復興にはより一層のきめ細やかな配慮をつくす。

原則7 今を生きる私たち全てがこの大災害を自らのことと受け止め、国民全体の連帯と分かち合いによって復興を推進するものとする。

資料❷

復興庁とは

東日本大震災の復興施策の司令塔となる復興庁が2012年2月に設置された。初代復興相は当時民主党の平野達男氏。復興予算を管理して、国の復興施策をとりまとめると同時に、被災した自治体の事業申請や要望にワンストップで対応する役目を担うものとしてスタートした。

ところが、復興庁で復興交付金を被災地に充てる事業について、予算にも限りがあり、公金を使うという観点からも一定の制限は必要だとして、5省庁（国土交通省、農林水産省、厚生労働省、文部科学省、環境省）の40事業に絞ってこれに適うかどうか査定する仕組みにしたため「鼎談」でも三者が指摘したように物議を醸した。

被災地にしてみれば、緊急で、しかも町が壊滅しこれまでの常識内には当てはまらないような復興策も必要だが、5省庁、40事業の枠にはまらないと申請ははねられることが多かった。復興庁はできたものの、従来からの省庁の権限や縦割りの弊害が、復興交付金の使い道にマイナスに作用したのだった。

安倍政権になって、こうした縦割りは、復興相の強い指導で解消され、交付金の使い道は柔軟にはなったが、大幅な法改正などによって、現地のことは現地に判断させるといった復興庁にはまだなっていない。

なお、復興庁は復興庁設置法に基づき、震災発生から10年後となる２０２０年度末までに廃止される時限組織。

エピローグ

おわりに

私が取材する国会や霞が関、永田町では、東日本大震災の復興政策で「被災者の心に寄り添う」という言葉が盛んに使われる。しかし、「寄り添う」とはどういうことなのか。被災住民と毎日接している市役所職員は、「頑張れと周りは言うけれど、ゆっくりでいいから自分のペースで取り戻しましょうねと（仮設住宅に）残っている人たちに声をかけています」と話した。この職員もまた、家を流され多くの知人を失った被災者だった。

森民夫長岡市長は、住んでいた場所を捨て高台移転を住民たちが本心から決心するまで、民間のカウンセラーやプランナーなども住民の輪の中に参加させながら、住民たちが「気持ちの整理がついた。高台へ行こう」と決心するまで何年も移転を待ち続けた。

壁新聞を出した石巻日日新聞の当時の報道部長の武内宏之氏。現在は、震災を語り継ぐために建てられた資料館「ニューゼ」の館長からも聞いた。

「この資料館にフラッとお見えになる被災者が気持ちを話し始めるんですね。頑張ろうと思っていてもまだ何も手につかない。自分が情けないとかね。そういう本音は表では言えないんですよ。全国から支援をいただいていますからね。復興でもそうです。早く早く、って。でも、じゃあ自分は自立できるだろうかと自身を追い込んでしまう人が多いんです」

確かにインフラなど急ぐべきものはある。安倍首相が5年を節目に語った「鉄道の全線開通」や「外国人観光客の誘致」など、明るい希望を掲げるのも大事だが、ともすれば、政府の「復興政策」はスピード感を被災地に押し付けてはいまいか。政府に必要なのは、時間をかけて待つ覚悟。被災地にきれいで立派な建物や道路ができたとしても、そこで再び暮らしていく被災者の心が立ち直っていなければ、そこは「復興したまち」とは言えないだろう。今後の復興政策に、「待つ」という視点を持ち続ける必要があるのではないか。

そして、危機管理に直面した当事者たちが自らの経験や謙虚な反省から語ってくれた数々の「危機管理のあり方」を、法制化や組織改編に役立ててほしい。政治・行政関係者にこうした証言が届くことを願う次第である。

最後になったが、出版にあたって大変お世話になったサンデー毎日の城倉由光編集長、月刊公論の土井正彦編集長、週刊アサヒ芸能編集部の箱崎充永氏、日本BS放送の板井俊二・西塚進也・和栗早苗3氏、清談社の岡崎雅史社長、クライシスマネジメント協議会の長田逸平理事長、近代消防社の三井栄志社長に深くお礼を申し上げる次第である。

2016年3月11日　　ジャーナリスト　鈴木哲夫

参考文献

「サンデー毎日」掲載（毎日新聞社）
「月刊公論」〝政界展望〟掲載（財界通信社）
「アサヒ芸能」〝政界インサイド通信〟掲載（徳間書店）
「g2」掲載（講談社）
すべて著者執筆。

参考番組

「ＩＮ ｓｉｄｅ ＯＵＴ」（日本ＢＳ放送）
著者キャスター。

《著者紹介》

鈴木哲夫　すずき・てつお。ジャーナリスト、1958年生まれ。早稲田大学法学部卒。テレビ西日本報道部、フジテレビ報道センター政治部、日本BS放送報道局長などを経て、2013年6月からフリージャーナリストとして活動。著書に『政党が操る選挙報道』（集英社新書）、『最後の小沢一郎』（オークラ出版）などがある。「安倍政権のメディア支配」（イースト新書）など多数。「高嶋ひでたけのあさラジ」（ニッポン放送）、「ニュースインサイト」（RKBラジオ）、「みんなのニュース」（フジテレビ）などラジオ、テレビにも出演。

期限切れのおにぎり
―大規模災害時の日本の危機管理の真実―

平成二八年　四月一五日　第一刷発行

著　者―**鈴木《すずき》　哲夫《てつお》**　©二〇一六
発行者―三井　栄志
発行所―**近代消防社**
〒一〇五―〇〇〇一
東京都港区虎ノ門二ノ九ノ一六(日本消防会館内)
TEL　〇三―三五九三―一四〇一
FAX　〇三―三五九三―一四二〇
URL=http://www.ff-inc.co.jp
E-mail=kinshou@ff-inc.co.jp
振替=〇〇一八〇―五―一一八五
印刷―長野印刷商工
製本―丸山製本工業

ISBN978-4-421-00883-8　C0030　定価はカバーに表示してあります。